대학에서의 학생평가전략

비대면 교육시대, 어떻게 학생을 평가할 것인가?

Strategy for Assessing Student Learning in Higher Education

How to Assess Student in Non-Face-to-Face Education Era

박소연 · 길혜지

박영story

들어가는 말

교수는 가르치는 사람이다. 일반적으로 대학교수는 교육, 연구, 봉사의 역할을 수행한다. 대학과 교수에 따라 각 역할에 경중이 있으나, 교육은 대학교수의 가장 고유한 역할이다. 대학교수에게는 대학의 교원으로서의 교육권, 즉 전문성에 기초하여 수업을 자유롭게 설계하여 운영하고 평가할 수 있는 권리가 있는 것이다. 그러나 이러한 권리는 학생의 학습권을 보장하기 위한 것이지, 그 자체가 목적은 아니다. 대학교수가 자유롭게 수업을 운영하고 학생 성적을 평가할 수 있는 것은, 학생들에게 좋은 강의를 하고 제대로 평가한다는 전제 하에서만 허용된다.

대학교수는 누구보다 교육 경험이 다양하고 해당 영역의 전문성을 갖추고 있기에, 가르치는 사람으로서 이미 어느 정도 준비가 되어 있다. 교사가 되기 위해서 교원양성과정을 거쳐야 하는 것과는 달리, 교수는 임용된 신분 그 자체가 가르칠 수 있는 자격이 된다. 하지만 경험이 다양하고 많이 안다고 해서 반드시 잘 가르칠 수 있는 것은 아니다. 가르치는 것에 대한 철학 정립과 더불어 어떻게 수업하고 평가할 것인지에 대한 구체적인 방법을 익혀야 한다. 많은 대학에서 교수들의 역량 향상을 위해 다양한 프로그램을 지원하고 있는데, 대부분의 프로그램은 교수법 워크숍, 교수법 소모임 등 교수법에 초점을 맞추고 있다. 그런데 최근 '어떻게 잘 가르칠 수 있을까?'에 대한 논의는 활발해졌으나, 상대적으로 '어떻게 학생을 잘 평가할 수 있을까?'에 대한 논의는 많지 않다. 평가는 여전히 교수 개개인의 불가침 권한으로 남겨져 있는 것이다.

최근 대학에서의 학생평가, 즉 학점과 관련한 논란이 적지 않다. 특히 코로나19로 인해 대학 수업이 비대면으로 전환되면서, 학점에 대해 학생들이 적극적으로 자신들의 의견을 내놓기 시작하고 있다. 그간 묵혀져 있었던 학생평가에 대한 문제가 수면 위로 떠오른 것이다. 명확하지 않은 평가 기준, 근거를 알 수 없는 학점, 지나치게 혹독하거나 지나치게 관대한 평가에서부터, 학점을 권력으로 한 갑질까지 학생들이 평가에 대해 가진 불만은 근본적이고 전면적이다. 평가는 불공정하게 이루어져 왔고, 평가자로서의 교수는 신뢰하기 어렵다는 것이다.

학생평가는 절차가 공정하고, 기준은 명확하며, 계획 하에 체계적으로 이루어져야 한다. 또한, 수업에 적합하고, 목적에 맞게 유용하게 활용되어야 한다. 학생평가를 잘 하기 위해서는 과목의 목적과 성격에 맞게 평가를 계획하고 판단의 근거가 되는 자료를 수집하여 종합적으로 판단할 수 있어야 한다. 교수가 이를 잘 해내기 위해서는 평가에 대한 지식과 기술뿐만 아니라, 평가를 제대로 하고자 하는 열망도 필요하다. 좋은 평가에 대한 가치관을 세우고 그 신념을 지키기 위해 부지런히 노력해야 한다. 그러나 평가를 잘 하는 것은 수업을 잘 하는 것에 비해 노력이 많이 들면서도 겉으로 잘 드러나지는 않는다. 그래서 '언젠가는 제대로 한 번 해봐야지'하는 결심만 하기 십상이다.

이 책은 학생평가를 잘 하고 싶은 교수를 위한 것으로, 대학에서 학생평가를 잘 하기 위해 혹은 적어도 잘못하지는 않기 위해 알아야 할 것들을 담고 있다. 저자들은 지난 20여 년간 수백 개의 대학 강의를 해오며 '어떻게 학생평가를 잘 할 수 있을까?'를 고민하며 다양한 시도를 해왔다. 이를 통해 얻은 실패와 성공 경험을 기초로 학생평가에 대한 노하우를 담백하게 정리하고 있기에, 이 책은 이론서가 아니라 매뉴얼에 가깝다. 필요한 최소한의 기초 이론은 기존의 교육평가 저서나 연구 논문을 참고하되 최대한 대학교육 맥락에 적합하게 수정하여 활용하였다. 저자들은 아직 강단에 선 경험이 없어 성적 평가에 대한 막연한 두려움을 가지고 있는 예비 교수자를 염두에 두고 가급적 친절하게 내용을 정리하려 노력하였다. 그러나 자신의 학생평가 방식을 점검하거나 정리하고 싶은 기존 교수자에게도 도움을 줄 수 있을 것으로 믿는다.

차례

Chapter 03
대학에서의 학생평가 실행

Chapter 04
대학에서의 학생평가 활용

표 차례

CHAPTER

01

대학에서의 학생평가 이해

01 대학에서의 학생평가 개념

1) 평가란?

평가의 정의는 평가에 대한 접근방식(approach)을 결정하게 되는데, Tyler(1950)는 교육평가를 교육 과정이나 프로그램에 의하여 교육목표가 어느 정도 실현되었는가를 결정하는 과정으로 보고 목표중심 평가모형을 제시하였으며, Stufflebeam(1971)은 평가가 의사결정자에게 의사결정을 위한 정보를 제공해 주는 것이라 하며 의사결정중심 평가모형을 제시하였다. 또한 Scriven(1967)은 대상의 가치를 판단하는 것이 평가라 하며 판단중심 평가모형을 제시하기도 하였다.

이러한 접근방식에 따라 평가 절차와 방법도 달라진다. Tyler의 목표중심 평가모형은 목표 실현 여부를 결정하는 것을 목적으로 하므로, 구체적인 목표를 확인하고 현재 수준을 측정하여 이 둘 간의 차이를 분석하는 것이 주요한 평가 절차가 될 것이다. 대학에서 중간고사나 학기말 고사를 통해 수업 목표 대비 학생의 성취수준을 평가하는 것은 목표중심 평가모형을 적용한 평가 방법의 한 예가 될 수 있다.

Stufflebeam의 의사결정중심 평가모형은 의사결정을 지원하는 것을 목적으로 하므로, 평가자의 의사결정을 위해 어떤 정보가 필요한지에 대한 요구를 분석하고 관련 정보를 수집하여 의사결정에 도움을 줄 수 있도록 체계적으로 분석하는 것이 주요한 평가 절차가 될 것이다. 정부에서 재정지원사업 평가를 통해 의사결정에 적합한 형태의 정보를 수집하여 대학에의 예산 배분이 얼마나 효과적인지 평가하는 것은 의사결정중심 평가모형을 적용한 평가 방법의 한 예가 될 수 있다.

Scriven의 판단중심 평가모형은 대상의 가치를 판단하는 것을 목적으로 하므로, 가치를 판단할 수 있는 전문가를 평가자로 선발하여 대상에 대해 면밀하게 관찰하고 전문적인 식견으로 그 가치를 판단해 내는 것이 주요한 평가 절차가 될 것이다. 전문가들이 문화예술 분야에서 새로 발굴된 유물의 연대기를 감식하고 그 가치를 부여하는 것은 판단중심 평가모형을 적용한 평가 방법의 한 예가 될 수 있다.

이처럼 평가에 대해서는 합의된 정의가 없으며 학자에 따라, 상황에 따라 다양한 의미로 사용되고 있다. 그러나 공통적으로 제시하고 있는 평가의 목적과 주요 활동을 중심으로 어느 정도 합의된 개념을 정의할 수 있다. 이 책에서는 평가를 '평가 대상에 대한 자료를 수집하고, 가치, 장점, 효과, 영향 등을 분석하여 의사결정에 활용함으로써 보다 나은 개선을 이끌어 내는 합리적이고 체계적인 활동'으로 정의한다.

2) 대학에서의 학생평가 특징

평가는 매우 다양한 형태로 이루어진다. 따라서 특정한 평가를 이해하기 위해서는 평가를 왜(why) 하는지, 누가(who) 하는지, 무엇을(what) 평가하는지, 언제(when) 평가하는지, 어디에서(where) 평가하는지, 어떻게(how) 평가하는지 등 구체적인 질문을 던져보는 것이 도움이 된다.

대학에서의 학생평가(Assessing Student Learning in Higher Education)는 주로 학점을 부여하는 것을 목적으로 실시되어 왔으며, 가장 주된 평가자는 해당 수업의 교수자이고, 때로는 함께 강의를 수강하는 동료가 평가하기도 한다. 학생의 지식, 기술, 태도 등 성취수준 전반을 평가하며, 학기 단위로 평가하기 때문에 이전 학기의 평가가 이번 학기에 영향을 미치거나 혹은 이번 학기의 평가가 다음 학기에 영향을 미치지 않는다. 주로 강의실이나 학습관리체계(Learning Management System, LMS), 기타 학습 진행 플랫폼 등에서 평가 자료가 수집되며, 일반적으로 출석, 시험, 보고서 등을 활용한다.

표 1 대학에서의 학생평가 프로파일

구분		대학에서의 학생평가
Why	평가 목적	학점부여
Who	평가자	교수자/동료 학습자
What	평가 대상 및 준거	학습자의 성취수준 전반
When	평가 시기 및 기간	학기 단위
Where	평가 자료 수집 장소	강의실 및 지원시스템
How	평가 방법	출석, 시험, 보고서 등

02 대학에서의 학생평가에 대한 요구

1) 학생평가에 대한 학생들의 불만

피평가자인 학생들은 학생평가에 대해 어떻게 생각하고 있을까? 학생들이 자주 제기하는 불만은 평가가 타당하지 않다는 것이다. 수업의 강의 내용이나 교수학습 활동이 평가와 연계되지 않고, 수업은 수업대로 평가는 평가대로 따로 이루어지는 경우가 종종 있다. 이런 경우 학생들은 해당 수업에서 중요한 것이 무엇인지에 대해 파악하기 어렵고 평가를 통해 자신의 성취수준을 제대로 확인받을 수 있는 기회를 얻지 못하게 된다.

또 평가가 정확하게 이루어지지 않는다는 불만도 적지 않다. 열심히 수업 활동에 참여했지만 결국 팀 성과에 대해 구두 발표를 한 학생만 스포트라이트를 받는 경우가 있다. 구두 발표를 잘 하는 것 자체가 수업의 목표가 아님에도 불구하고 최종 무대에서 돋보이는 학생 혹은 팀이 기대 이상의 성적을 받게 된다면, 학생들은 발표 능력이 우수한 사람을 팀원으로 섭외하기 위해 노력하게 되고 팀 활동은 오히려 뒷전이 될 것이다.

마지막으로 가장 많이 제기되는 불만은 평가가 공정하지 않다는 것이다. 자기보다 열심히 하지도 않고 성과도 좋지 않은 동료 학습자가 오히려 더 좋은 성적을 받게 되어 불만을 제기하는 경우는 상당히 많다. 사람들은 자신의 노력(투입) 대비 얻는 보상(산출)을 다른 사람 혹은 자신의 경험과 비교하는데, 만약 자신의 투입과 산출의 비율이 비교 대상의 그것과 같거나 비슷하다면 공정하다고 느끼지만 그렇지 못한 경우 불공정하다고 느끼게 된다(Adams, 1965). 자신의 노력에 비해 낮은 성적을 받았다고 생각하는 학생 혹은 지나치게 좋은 성적을 받았다고 생각하는 학생은 모두 수업에서의 학생평가가 불공정하게 이루어졌다고 인식하게 된다.

성적에 대해 학생들이 느끼는 공정성은 상대적이다. 그리고 가장 대표적인 비교 준거는 다른 동료 학습자이다. 자신이 노력 대비 충분한 점수를 받았다 할지라도 동료 학습자가 그의 노력 대비 과분한 점수를 받았다고 여겨진다면 학생들은 공정한 평가가 이루어졌다고 느끼기 어렵다. 공정성이 훼손되면 이를 회복하기 위한 노력을 하여 균형을 찾는다. 예컨대 공정성을 회복하기 위하여 투입하는 노력을 줄이거나, 이의제기를 통해 보다 높은 성적을 얻어내거나, 해당 수업에 대해 부정적 인식을 가지고 외면하거나 혹은 익명의 공간에서 불만을 쏟아 내는 행동을 하게 된다.

2) 비대면 수업에서의 학생평가에 대한 요구

일반적으로 대학의 강의는 대면 수업을 중심으로 이루어져 왔다. 수업 유형은 크게 강의 중심, 토의·토론 중심, 프로젝트 중심, 실기·실습 중심 수업으로 나누어볼 수 있다(민혜리·서윤경·윤희정·이상훈·김경미, 2020). 수업의 유형은 수업 활동에 가장 적극적으로 반영되지만, 수업 활동을 일일이 들여다보지 않아도 강의실에서의 좌석 배치(classroom arrangement)만 봐도 어떤 유형의 수업에 해당하는지 대략 파악할 수 있다. 강의 중심 수업에서는 학생이 교수자에게 집중할 수 있도록 모든 좌석을 교수자를 향해 배치하고, 토의·토론 중심 수업에서는 학생들끼리 소통을 촉진하기 위해 학생들 간에 서로 마주볼 수 있도록 배치하며, 프로젝트 중심 수업에서는 팀별로 소통할 수 있도록 소그룹 배치한다. 실기·실습 중심 수업은 주로 전용 강의실에서 이루어지지만, 일반 강의실을 활용할 경우 시연과 관찰을 위해 무대

표 2 수업 유형에 따른 대면 수업과 비대면 수업 형태

구분	강의 중심	토의·토론 중심	프로젝트 중심	실기·실습 중심
대면 수업		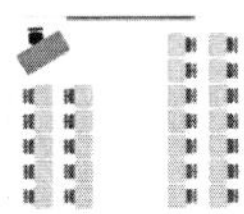	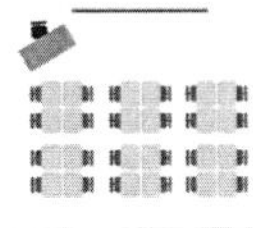	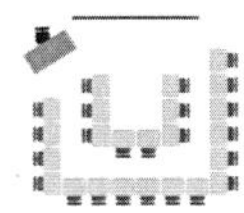
비대면 수업	YouTube, Google Classroom	zoom, Webex	padlet, Google Meet	kakao 라이브톡, zoom

중심으로 둘러서 배치하는 것이 일반적이다.

수업 형태가 비대면으로 전환되면 수업 장소도 기존의 강의실에서 새로운 플랫폼으로 이동하게 된다. 학생들의 혼란을 최소화하기 위해 대학마다 이러닝 플랫폼을 개발하여 운영하거나 혹은 민간에서 개발된 특정 플랫폼을 지정하여 활용하는 경우도 있지만, 수업의 유형을 고려하여 보다 적합한 플랫폼을 선택하여 구현할 수 있다. 예를 들어 강의 중심 수업에서는 학생들이 교수자의 강의와 교수학습 자료에 수월하게 접근할 수 있는 유튜브(Youtube), 구글클래스룸(Google Classroom) 등을 활용할 수 있다. 토의·토론 중심 수업에서는 실시간으로 전체 혹은 소그룹 소통이 가능한 줌(zoom), 웹엑스(Webex) 등이 적절하게 활용될 수 있다. 프로젝트 중심 수업은 공동 작업과 게시가 편리한 패들렛(Padlet), 구글밋(Google Meet) 등의 활용을 추천한다. 실기·실습 중심 수업은 실시간 영상 소통이 수월하게 이루어질 수 있는 카카오라이브톡(Kakao Livetalk), 줌(zoom) 등이 유용하다.

기존의 강의실 수업에서 실시간 혹은 비실시간 비대면 수업으로의 전환이 이루어지면서 수업 활동뿐만 아니라 학생평가에도 변화가 나타나고 있다. 비대면 수업에서 학생평가의 가장 큰 특징은 과제 평가의 비중이 증가했다는 것이다. 코로나 19로 인해 대학 수업이 비대면으로 급작스럽게 전환되는 상황에서 마땅한 대안이 없어서이기도 하지만, 강의실에서 대면 시험을 치룰 수 없다면 비대면으로 진행되는 수업의 특성상 평가를 위해 수집할 수 있는 자료가 제한적이기 때문이기도 하다. 따라서 비대면 수업에서는 앞으로도 과제 평가가 적극적으로 활용될 것으로 보인다.

표 3 비대면 수업으로의 전환에 따른 평가 계획 변화 예시

<변경 전> →

평가 요소	반영비율
출석	20%
참여	10%
과제	30%
시험	40%
합계	100%

<변경 후>

평가 요소	반영비율
출석	20%
참여	20%
과제	60%
합계	100%

비대면 수업에서 학생평가의 또 다른 특징으로 실시간 화상시험 도입을 들 수 있다. 기존에 이루어지던 시험이 강의실에서 교수자의 감독 하에 참고 자료 없이 지필로 응시하는 형태가 전형적이었다면, 비대면 수업에서는 학생 개인 공간에서 카메라가 일종의 감독자 역할을 대신하여 컴퓨터를 활용하여 응시하는 형태가 도입되었다. 부정행위(cheating)의 가능성이 높은 것에 비해 대학에서 이를 방지할 수 있는 시스템을 지원할 수 있는 자원은 부족하다. 이에 대안적인 형태로 시간을 제한한 서술형 중심 재택시험, 실시간 영상 구술시험 등이 활

용되고 있다.

좋은 평가는 절차가 공정하고(Fair), 상황에 적합하며(Optimal), 과정이 명확하고(Clear), 결과가 유용하며(Useful), 체계적으로(Systematic) 이루어지는 평가이다(박소연, 2020). 공정한 평가는 평가자 개인의 주관이나 감정, 독특한 상황이나 외부 압력이 개입되지 않고 순수하게 객관적으로 이루어지는 평가이다. 적합한 평가는 평가가 상황과 목적에 맞게 이루어지되 가급적 제한된 평가 자원을 제대로 활용하여 큰 효과를 내는 평가이다. 명확한 평가는 평가가 공식적으로 이루어지고 평가의 과정과 결과가 투명하게 공개될 수 있는 평가이다. 유용한 평가는 평가를 통해 개인의 성장과 발전을 위한 유용한 피드백을 제공하고 의사결정에 기여하는 등 변화를 가져올 수 있는 평가이다. 체계적 평가는 미리 세워진 계획에 따라, 명확한 기준을 가지고 타당하고 신뢰할 수 있는 방법으로 자료를 수집하고 분석하여, 충분한 근거를 갖고 정확하고 합리적으로 판단하는 평가이다.

비대면 수업에서의 학생평가 방식이 변화한 것과 더불어, 피평가자인 학생들의 평가에 대한 요구도 달라지고 있다. 학생들은 비대면 수업에서 기존보다 '더 정확한' 평가를 요구하고 있다. 피평가자로서 학생이 자신에 대한 평가가 어떻게 이루어지는지 궁금한 것은 당연하다. 그런데 비대면 수업으로 진행되면서 학생들은 교수자의 강의와 수업 자료에 대해 훨씬 더 자세히 관찰하고 분석하게 되면서, 의외로 평가에 대한 설명이 충분히 이루어지지 않고 있음을 인지하게 되었다. 학생은 무엇을 어떻게 평가받게 되는 것인지 알고 싶어 하며, 교수자가 이에 대해 가급적 자세하게 알려주기를 원하고 있다.

또한 학생들은 '더 공정한' 평가를 요구하고 있다. 비대면 수업으로 전환되면서 기존보다 평가 요소가 축소되고 특히 과제와 같이 교수자가 정성적으로 평가하는 평가 요소의 비중이 늘어남에 따라, 학생들은 각 평가 요소들을 어떤 기준으로 어떻게 평가하는지에 대해 의문을 갖게 되었다. 이에 학생들은 교수자가 임의로 평가하는 것이 아니라 일정 기준을 가지고 최대한 객관적으로 평가하여, 누가 봐도 납득할 수 있는 평가 결과를 제시해주기를 바라고 있다.

마지막으로 예전보다 '더 엄격한' 평가를 요구하고 있다. 기존 대면 수업에서는 말 그대로 강의실에서 교수와 학생, 학생과 학생이 마주하고 있는 상황이기에 의도치 않게 평가가 관대하게 이루어지기도 했다. 그러나 비대면 수업에서는 각 주체가 물리적으로 분리되어 있기에, 서로 엄격하게 평가하고 엄격하게 평가받는 것에 대한 부담이 상대적으로 덜하다. 특히 실시간 비대면 수업의 경우 학생들의 성실한 준비와 참여가 곧 수업 환경의 질을 결정하기 때문에 출결 및 지각 처리, 카메라 및 마이크 준비 점검, 우수자 공개 발표 시 가산점, 토론 활동에 참여하지 않을 경우의 감점, 상호평가 결과의 반영 등에 대해서도 엄격하게 평가할 것을 요구하고 있다.

비대면 수업으로 전환되면서 학생평가에 대한 학생들의 관심이 그 어느 때보다 높아졌다. 학생들은 상대평가, 절대평가와 같은 평가 유형뿐만 아니라 성적 등급, 성적 기재방식 등 학생평가와 관련한 내용 전반에 대한 의문을 제기하고 있다. 사실 교수의 학생평가에 대해 신뢰하기 어렵다는 학생들의 불만은 오랜 시간 누적되어 왔는데, 대면에서 비대면으로의 수업 형태 전환이라는 대대적인 지각변동이 일어나면서 다른 근본적인 문제들과 함께 지표면 위로 드러난 것으로 보인다.

3) 대학에서의 학생평가 원칙

학생들의 불만과 요구를 고려할 때, 대학에서의 학생평가는 변화해야만 한다. 즉흥적이고, 임의적이고, 은밀하게 이루어지는 학생평가는 이제 더 이상 학생들로부터 인정을 받을 수 없다. 대학에서의 학생평가가 제대로 이루어지기 위해서는, 무엇보다 교수자가 평가의 원칙을 정하는 것이 중요하다. 일단 원칙이 정해지면 이에 근거하여 학생평가의 준비, 실행, 활용 전략을 세우면 된다. 대학에서의 학생평가 원칙은 교수자에 따라 따르게 설정할 수 있겠으나, 다음의 세 가지 원칙은 어떤 교수자에게나 필요하다.

첫 번째 원칙은 '사전설계'다. 학생평가는 즉흥적으로 이루어져서는 안 된다. 계획에 따라 실시되어야 한다. 그러기 위해서는 미리 평가에 대한 계획을 세워야 한다. 한 학기의 수업이 미리 설계되듯이 평가 역시 미리 설계되어야 한다. 교수자는 강의계획서에 평가 계획을 자세하게 기술하여 학생들의 수강 판단을 도와야 한다. 강의계획서는 교수자와 해당 수업의 수강을 신청한 학생들 사이에 일종의 약속이므로, 교수자와 학생 간에 약속된 평가 계획은 최대한 변동 없이 지켜지는 것이 바람직하다.

두 번째 원칙은 '다각화'다. 교수자만이 평가자의 역할을 할 수 있는 것은 아니다. 오히려 평가자의 다각화를 통해 평가 권력을 분산하는 것이 좋다. 평가는 동료 학습자에게는 학습의 기회가 되고, 학습자 자신에게는 성찰의 기회가 되며, 외부 전문가에게는 경험의 기회가 된다. 평가자뿐만 아니라 평가의 대상도 개인뿐만 아니라 팀 혹은 분반으로 다각화할 수 있다. 평가 시점도 중간과 기말뿐만 아니라 수시 혹은 상시로 다각화할 수 있다. 마지막으로 평가 방법 역시 시험 중심의 총괄평가에 그치는 것이 아니라, 과정 중심적-학생 참여 중심적으로 다각화할 수 있다. 이와 같이 평가자, 평가 대상, 평가 시점, 평가 방법 등의 다각화를 통해 평가의 리스크를 줄이는 것이 바람직하다.

세 번째 원칙은 '공개'이다. 도무지 어떻게 그런 결과가 나왔는지 알 수 없는, 마치 블랙박스와 같이 학생평가가 이루어지는 경우가 있다. 평가의 모든 과정과 결과는 투명하게 공개될 수 있어야 한다. 학생들은 평가 결과에 높은 관심을 가지고 있으며, 자신이 받은 점수에 대해 빠르고 자세하게 알고 싶어 한다. 각 평가 요소에 대한 채점이 끝나면 되도록 빨리 학생에게 점수를 알려주는 것이 좋다. 그리고 만약 채점에 오류를 발견하였다면 빠른 시간 내에 적절하게 조치해야 한다. 교수자는 학생들이 평가에 대해 부담 없이 질문하고 거리낌 없이 문제를 제기할 수 있도록 해야 한다. 물론 교수자의 입장에서는 매우 부담스러울 수 있지만, 사실 평가는 투명하게 공개될 수 있어야 하는 것이 당연하다. 교수자가 더 나은 학생평가를 위해 노력해보고자 결심했다면, 공개의 수준을 높여서 스스로 그 부담으로 가져보는 것도 좋다. 단, 공개는 학생 개개인의 프라이버시를 침해하지 않는 범위에서 이루어지도록 주의해야 한다.

CHAPTER

02

대학에서의 학생평가 준비

01 평가의 목적 점검

1) 의사결정을 위한 학생평가

학생평가는 개강 전에 미리 계획되고 준비되어야 한다. 학생평가를 준비할 때 가장 먼저 해야 할 일은 평가의 목적을 점검하는 것이다. 학생평가는 직접적으로는 의사결정을 내리기 위한 목적으로, 간접적으로는 수업 개선의 목적으로, 부가적으로는 학습의 목적으로 이루어진다.

평가의 직접적인 목적은 학생의 성취수준에 대한 의사결정을 하는 것, 즉 학점을 판단하는 것이다. 학점을 판단한다는 것은 학생의 총괄적인 성취에 대해 근거를 가지고 평가하여 성적을 부여하는 것을 의미한다. 대학의 수업은 명확한 교육 목표를 설정하고 있으며, 학생평가는 학생이 그 목표를 달성한 수준을 판단하기 위해 실시된다.

성적은 절대적인 준거(criterion)에 따라 판단되기도 하고, 상대적인 수준에 따라 판단되기도 한다. 상대평가를 할 경우라면, 교수자는 대학에서 제시하고 있는 각 등급별 비율 가이드라인에 따라 학생들에게 해당 학점을 주면 된다. 하지만 절대평가를 할 경우라면, 교수자가 스스로 각 등급에 대한 절대적인 기준을 가지고 있어야 한다.

절대평가가 제대로 이루어지려면 교수자가 사전에 각 등급에 대한 성취 기준을 명확하게 설정하여 이에 대해 학생들에게 구체적으로 제시할 수 있어야 한다. 절대평가가 그저 관대한 평가로 전락하지 않기 위해서는 교수자가 자신이 등급을 판정하는 평가 기준을 성취 기준을 고려하면서 스스로 엄격하게 조정할 필요가 있다. 최고 학점은 만족할 만한 수준을 달성한 것이 아니라 감히 생각지도 못한 도전적인 수준을 성취해 낸 경우에 부여할 수 있도록, 보수적으로 평가할 것을 권장한다.

학생평가가 판단의 목적을 이루기 위해서는 수업 목표와 평가의 일관성을 유지하는 것이 중요하다. 수업의 목표와 다른 평가가 이루어진다면 학생들의 성취를 제대로 판단하기 어렵다. 또한 평가 데이터의 유형과 수준을 점검할 필요가 있다. 빈도 데이터를 활용할 것인지 혹은 점수 데이터를 활용할 것인지, 개별 학생 데이터를 활용할 것인지 혹은 팀별 데이터를 활용할 것인지 등, 판단에 적절한 데이터가 무엇일지 사전에 고민해야 한다. 판단을 통한 최종적인 성적 판정 형태에 대해서도 미리 살펴볼 필요가 있다. P/F(Pass or Fail)로 판정한다면 비교적 단순하고 부담이 적은 방식으로 판단이 가능하다. 그러나 등급을 A^{+}에서 F까지 세분화해야 하다면 평가는 좀 더 까다로워진다. 만약 최종적인 성적이 점수로 제시되어야 한다면 훨씬 더 견고한 평가 설계가 필요하다.

2) 수업 개선을 위한 학생평가

학생평가는 간접적으로는 교수자의 수업 진행 및 목표 달성도를 점검하고 보다 나은 수업을 위해 피드백(feedback)하는 개선의 목적을 가질 수 있다. 이처럼 교수학습 과정 중에 형성적 목적에서 부단히 이루어지는 평가는 해당 학기의 수업 개선에 바로 활용될 수 있다. 예를 들어 지필시험으로 치러진 중간고사(혹은 수업 중 실시한 퀴즈)에서 학생들의 점수가 전반적으로 매우 높았다면, 이는 수업이 잘 이루어진 결과 학생들이 성공적으로 학습을 하고 있다고 해석할 수도 있지만 수업의 목표 수준이 낮거나 시험이 지나치게 쉬웠기 때문이라고 해석할 수도 있다. 반대로 학생들의 수시고사 점수가 전반적으로 매우 낮게 나타났다면, 목표 수준은 적절하였으나 학생들이 제대로 따라오지 않은 것인지, 따라올 수 없는 목표를 제시한 것인지, 혹은 시험이 지나치게 어려웠기 때문인지 확인해봐야 한다. 이러한 점검이 수업 중에 이루어지지 않는다면, 나머지 수업도 여전히 적절하지 않을 위험을 갖고 진행된다.

교수자가 평가 결과를 요소별로 가급적 수시로 분석하고 해석해야 이를 수업의 개선에 활용할 수 있다. 평가를 위한 자료 수집이 한 학기 내내 이루어진다 하더라도, 이에 대한 분석이 학기 말에서야 이루어진다면 해당 학기 수업의 개선에는 활용되지 못한다. 물론 다음 학기 수업을 계획하고 개설하는 데 활용할 수 있겠으나, 매 학기 학생들의 특성이 달라진다는 점을 고려한다면, 가급적 수강 학생의 평가 데이터는 해당 학기에 적극적으로 활용하는 것이 좋다. 이에 평가 요소별로 평가가 완료되면 최대한 빨리 결과를 분석하여 수업 개선에의 시사점을 찾아 반영할 것을 권장한다. 단, 수업 개선을 위해 학기 중에 강의계획을 변경할 시에는 반드시 학생들에게 사유를 설명하고 동의를 구해야 한다.

3) 학습을 위한 학생평가

학생평가는 부가적으로 학습자의 몰입을 유도하는 학습의 목적(assessment as learning)으로도 이루어질 수 있다. 평가는 학생들에게 그 무엇보다 선명하고 강력한 행동지침이 된다. 학생에게 수업의 목표는 교수자의 이야기인 반면, 평가 계획은 학생의 이야기가 된다. 평가는 자신에게 직접적으로 영향을 주는 것이기에 신경 쓰이고 노력도 하게 된다. 그렇기 때문에 평가가 줄 수 있는 긴장감을 활용하여 수업의 목표를 보다 정확하게 전달할 수 있다. 나아가 핵심적인 수업 활동을 평가와 연계시킴으로써 학습 몰입을 유도할 수도 있다. 이러한 지점에서 평가를 위한 채점기준표(rubric)는 일종의 수업기준표가 된다. 경우에 따라서는 평가 자체를 학습의 기회로 활용할 수도 있다. 하지만 학생들이 평가에 수동적으로 끌려 다니는 것은 바람직하지 않으므로, 활용의 정도를 현명하게 조정해야 할 것이다.

이처럼 평가가 학생들에게는 수업에 대한 매우 강력한 지침이 되는 만큼, 정확한 메시지를 전달할 수 있도록 주의해야 한다. 수업에서 상대적으로 중요한 것과 그렇지 않을 것을 구분하여 중요한 것들 위주로 평가 계획을 수립하는 것이 좋다. 평가와 관련되면 의도되었든 그렇지 않든 간에 학생들에게는 중요한 내용으로 각인되게 마련이다. 그 중요한 내용이 바로 수업의 핵심 내용이라면 더 할 나위가 없을 것이다.

02 평가 체계 설계

1) 수업과 평가의 정렬

수업에서의 학생평가를 위해서는 우선 수업과 평가를 정렬(align)해야 한다. 즉, 수업의 목표, 이를 달성하기 위한 교수학습 활동, 수업에서의 성취를 평가하기 위한 요소, 평가를 위한 방법이 서로 긴밀하게 연계되도록 설계할 필요가 있다.

수업에서 교육 목표는 주로 학생의 지식을 확장하거나, 기술을 향상하거나, 태도를 바람직하게 개선시키는 것, 즉 지식, 기술, 태도의 변화가 된다. 이에, 교수자는 교육 목표를 고려하여 이를 달성할 수 있는 수업의 유형을 결정한 후 구체적인 교수학습 활동을 설계하게 된다. 평가 방법의 타당성(validity)은 교육 목표와 수업 활동으로부터 도출된다. 지식 확장이 교육 목표라면 지식을 정확히 이해하고 있는지, 다양한 맥락에서 유연하게 적용할 수 있는지 등을 확인하기 위한 평가가 이루어져야 한다. 기술 향상이 교육 목표라면 기술을 제대로 알고 있는지, 현장에서 그 기술을 직접 활용할 수 있는지 등을 확인하기 위한 평가가 이루어져야 한다. 만약 태도 개선이 교육 목표라면 인식이 변화하였는지, 소양을 적절히 갖추었는지 등을 확인하기 위한 평가가 이루어져야 한다. 교육 목표 달성을 위해 학생의 수업 활동 참여가 중요하다면 이에 대한 평가도 이루어져야 한다. 수업과 평가 간 정렬이 이루어졌는지를 확인하려면, 각 평가의 이유가 교육 목표에 부합하는지 질문을 던져보면 된다.

표 4 수업과 평가의 정렬

교육 목표	수업 활동	평가 방법
지식 확장 기술 향상 태도 변화 …	강의 토의·토론 프로젝트 실기·실습 …	출석 평가 참여도 평가 지필시험 실기시험 과제 평가 구두발표 평가 포트폴리오 평가 …

2) 학생평가의 틀 설계

평가 체계를 설계하려면 평가의 '틀'과 평가의 '축'을 설계해야 한다. 먼저 평가의 틀은 평가적 시각에서 학생의 성취를 바라보는 프레임을 의미한다. 교수자는 무엇을 평가할 것인가에 대해 고민하며 평가의 틀을 구조화해나간다.

평가의 틀은 수업의 특성을 반영하여 설계하는 것이 바람직하다. 현재 대학에서의 학생평가에 널리 활용되고 있는 평가 방법은 출석, 참여도, 시험, 과제, 포트폴리오, 구두발표, 시연 정도이다. 물론 특정 분야에서 독특하게 활용하고 있는 평가 방법도 있겠으나, 일반적으로는 이상의 범위를 크게 벗어나지 않는다. 이에 교수자는 평가의 틀을 보다 효율적으로 설계하기 위해 이상의 평가 방법들 중 해당 수업에 적합한 방법을 선택하여 조합한 후, 수업의 특수성을 반영하여 보다 구체적으로 설계할 것을 권장한다.

표 5 대학에서의 학생평가에 주로 활용되는 평가 방법

평가 방법	평가 내용
출석 평가	수업에 정시 참석했는지의 여부를 평가
참여도 평가	수업 활동에 얼마나 적극적으로 참여하였는가를 평가
지필시험	학생이 얼마나 알고 있는지를 평가
실기시험	학생이 얼마나 할 수 있는지를 평가
과제 평가	정규 수업 활동과는 별도로 학습하도록 내주는 문제에 대한 결과물을 평가
구두발표 평가	사실이나 의견 혹은 결과에 대한 구술을 평가
포트폴리오 평가	학생의 수행을 담은 포트폴리오를 평가

예를 들어 강의 중심 수업의 경우에는 지필 혹은 구술시험과 사실적 내용 정리 중심의 과제로 평가하는 것이 적합한 반면, 토의·토론 중심 수업의 경우에는 분석과 성찰 중심의 과제와 구두발표, 참여도를 평가하는 것이 더 적합할 것이다. 프로젝트 중심 수업의 경우에는 수행 과정과 결과를 담은 포트폴리오, 구두발표, 참여도를 평가하는 것이 더 적합하고, 실기·실습 중심 수업의 경우에는 실기시험과 포트폴리오가 더 적합할 것이다. 물론 모든 수업 유형에서 출석을 점검하는 것은 기본적으로 필요하다.

평가의 틀을 설계할 때에는 각 평가 방법의 세부적인 내용이 수업의 목표에 부합하는지를 확인해볼 필요가 있다. 예를 들어 '족보를 얻는 것도 능력이다', '팀 프로젝트에서 팀워크가 깨지면 팀원 모두의 책임이다', '글을 잘 쓰거나 발표를 잘 하는 경우 좋은 평가를 받는 것이 당연하다'는 등의 생각을 갖고 있다면 과연 그 생각이 옳은지 점검해봐야 한다. 선배들로부터 혹은 커뮤니티에서 기출문제를 얻는 능력이 평가에 영향을 미치도록 놔두는 교수자 중에서 학생이 이 수업에

표 6 수업 유형별 평가 방법 예시

수업 유형	평가 방법	비고
강의 중심	- 시험: 지필, 구술 등 - 과제: 강의노트, 보고서 등	출석 점검은 공통
토의·토론 중심	- 과제: 보고서, 성찰노트 등 - 구두발표: 토의 혹은 토론 발제 등 - 참여도: 모니터링, 학생상호평가 등	
프로젝트 중심	- 포트폴리오: 팀 작업 포트폴리오 등 - 구두발표: 프레젠테이션 등 - 참여도: 학생상호평가	
실기·실습 중심	- 실기시험: 체크리스트, 학생상호평가 등 - 포트폴리오: 개인 전시 포트폴리오 등	

서 좋은 성적을 얻기 위해 애쓴 노력을 기특하게 여겨서 성적으로나마 보상해주고자 하는 경우가 있는데, 이는 적절한 평가라 보기 어렵다. 프로젝트 수업에서 팀워크를 강조하고 그 결과가 성적에 결정적인 영향을 미치는 구조라면, 교수자는 학생들의 팀워크를 개발할 수 있도록 보다 적극적으로 개입해야 한다. 글쓰기나 발표가 대학생의 기본적인 능력임에는 분명하지만 그 수준이 특정 수업에서의 성취수준을 대신해서는 안 된다. 적합한 평가가 되기 위해서는 각 평가의 방향이 수업의 목표에서 벗어나지 않는지 점검하는 것이 중요하다.

이 과정에서 수강생 중 특별한 배려가 필요한 학생이 있는지 살펴볼 필요가 있다. 예컨대, 특수교육대상자에 해당하는 장애학생의 경우에는 장애의 유형을 고려하여 과제 내용, 제출 기한 및 방법 등을 상세히 제시하는 평가 지침을 사전에 마련할 필요가 있다. 예컨대, 손이 불편하거나 보는 데 어려움이 있어 쓰기가 불편한 학생 혹은 이해에 어려움이 있어 속도가 느린 학생은 과제 제출 기한이나 시험 시간 연장, 시험 대필, 음성인식 프로그램과 같은 전자화된 형식의 답안지 제출을 허락하고, 팀 과제 진행 시 소외되지 않도록 지속적인 관심을 기울일 필요가 있다. 또한, 수강생 중 외국인 학생이 있다면 한국어 사용의 숙달 여부를 고려하여 영어로 시험을 보거나 과제를 수행할 수 있도록 고려해 볼 수 있을 것이다.

3) 학생평가의 축 설계

평가의 축은 평가를 설계하고, 자료를 수집하여 분석하며, 그 결과를 활용하는 절차를 의미한다. 교수자는 수업의 진행과 연계하여 어떻게 평가를 실시할 것인지 고민하며 평가의 축을 구체화해나간다.

평가의 축을 설계할 때에는 한 학기 동안 수업의 흐름과 각 주차에 이루어지는 구체적인 교수학습 활동을 고려하는 것이 좋다. 수업 장면에서의 평가는 결국 평가를 위한 자료를 수집하는 활동이 중심이 된다. 학기말에 이루어지는 지필시험과 같이 오롯이 평가만을 위한 활동을 통해 평가 자료를 수집하기도 하지만, 이렇게 수집할 수 있는 자료는 제한적이다. 수업에서 이루어지는 교수학습 활동 중에 자연스럽게 평가 자료를 수집할 수 있다면, 평가만을 위해 별도로 할애해야 하는 시간도 아낄 수 있을 뿐만 아니라 학생들의 평가 부담도 줄여줄 수 있다.

수업 활동에서 자연스럽게 산출되는 결과를 어떻게 평가 자료로 활용할 수 있을지 고민해보면 의외로 쉽게 방법을 찾을 수 있다. 강의 중심 수업이라면 수시로 퀴즈를 보거나, 매주 강의 내용을 자신의 방식으로 정리하는 과제를 활용하여 수업과 연계된 평가를 할 수 있다. 토의·토론 중심 수업이라면 학생들이 토의와 토론을 위해 준비하는 자료를 체계적으로 정리한 보고서를 중간 발표하거나, 수업의 주요 활동인 토의와 토론 수준에 대해 학생상호평가 및 피드백을 활용할 수 있다. 프로젝트 중심 수업이라면 갤러리 워크 방식으로 포트폴리오를 전시하고 평가하거나, 팀 프로젝트 참여도에 대한 상호평가를 실시함으로써 수업과 평가를 연계할 수 있다. 또한 실기·실습 중심 수업이라면 실기시험에 대한 교수자의 공개적인 피드백이나 체크리스트를 활용한 학생들 간 상호 시연점검 등이 활용될 수 있다. 가급적이면 학생의 중간 성과물이 학기말에는 최종 성과물로 종합될 수 있도록 입체적으로 수업을 설계하되, 그 과정에서 평가 자료를 다각도로 얻을 수 있는 전략을 수립할 것을 권장한다.

03 문서화 및 유포

1) 강의계획서

평가의 목적에 맞게 평가 체계를 설계한 이후에는, 이를 해당 학기 수업의 평가 계획으로 구체화하게 된다. 교수자는 강의계획서를 작성할 때 학생평가의 방법과 각 방법의 반영 비율을 포함하여 작성하는데, 평가 방법은 가급적이면 구체적으로 기술하는 것이 좋다. 강의계획서를 읽는 학생들이 해당 수업에서 평가를 잘 받기 위해 어떻게 해야 하는지 명확하게 알 수 있다면 더욱 좋다. 앞서 언급한 바와 같이 평가 계획은 수업 계획보다 학생들에게 훨씬 더 선명하고 구체적으로 인식된다. 이처럼 선명하고 구체적인 평가 체계는 학생들로 하여금 해내야 할 과업과 목표 달성에 대한 기대를 높여서 학습동기를 유발할 수 있다. 이에 수업에서 학생들이 달성해야 할 목표를 정확하게 포착할 수 있도록 친절하게 평가 계획을 안내해줄 것을 권장한다.

표 7 프로젝트 중심 대면 수업에서의 평가 계획 예시

평가 요소		반영 비율	주요 내용
출석		20%	- 지각 3회는 결석 1회로 처리 - 유고결석 처리 등 출석 평가는 학교 기준에 따름
구두 발표	1차	10%	- 중간고사 기간에 Gallery Walk 방식으로 진행 - 팀별 포스터 발표 5분 - 과제기술서, 자료분석 결과 등의 내용 포함 - 현장에서 학습자 상호 평가 및 피드백 실시
	2차	20%	- 기말고사 기간에 팀별 구두발표로 진행 - 팀별로 발표 15분, 질의응답 10분 - 프로젝트 수행과정 및 최종 성과물 소개 - 학습자 상호 평가 및 교수자 평가 실시
과제		30%	- 매주 실습 내용을 토대로 '개별적'으로 매뉴얼 작성 - 13주차 수업시간 전까지 사이버 강의실에 과제로 제출 - 수업자료 및 실습내용 활용이 수월한 파워포인트를 활용할 것을 권장하나 다른 워드프로세서를 사용해도 무방 - 분량 제한 없음
참여	상호 평가	10%	-5인 1팀 프로젝트 활동 참여도에 대해 팀내 상호평가 -주차별 팀활동 회의록을 근거로 제출
	교수 평가	10%	-발표시 질문, 피드백 등 수업 활동 참여의 성실성 평가 -교수자가 참여 회수 및 참여의 질을 평가
합계		100%	

표 8 프로젝트 중심 비대면 수업에서의 평가 계획 예시

<table>
<tr><th colspan="2">평가 요소</th><th>반영 비율</th><th>주요 내용</th></tr>
<tr><td colspan="2">출석</td><td>10%</td><td>-zoom 강의실에 입장 후 채팅창을 통해 학과, 학번, 이름 입력
-단, 강의 시작 후 5분 이후 채팅창에 입력할 경우, 지각처리
-수업 후 온라인 출석부를 통해 출석 여부 확인 가능
-지각 3회는 결석 1회로 처리
-유고결석 처리 등 출석 평가는 학교 기준에 따름</td></tr>
<tr><td colspan="2">중간고사</td><td>20%</td><td>-중간고사는 8주차 수업 시간에 비대면 방식(Open-book test)로 진행함.
-이러닝 시스템에 공개된 중간고사 시험지를 다운받아 확인하고, 한글 또는 워드 프로세스로 답안을 작성한 후 이러닝 시스템을 통해 제출함.
-제출 마감 시간을 지키지 못할 경우 감점함.</td></tr>
<tr><td rowspan="3">팀 프로젝트 과제</td><td>구두 발표</td><td>20%</td><td>-14주차와 15주차에 걸쳐 zoom을 통해 구두발표 진행
-팀별 발표 15분, 전체 질의응답 15분, 교수자 피드백 10분
-프로젝트 수행 과정 및 성과물 소개
-발표자료는 14주차 수업시간 전까지 이러닝 시스템에 제출</td></tr>
<tr><td>팀 보고서</td><td>20%</td><td>-구두발표 시 동료-교수자 피드백 내용을 반영하여 팀별 최종 보고서를 이러닝 시스템에 업로드
-팀 보고서에는 주차별 수행 내용 및 프로젝트 수행 과정에서 팀원들의 역할 분담 내용을 반드시 포함
-분량 제한 없음.</td></tr>
<tr><td>개인 성찰 보고서</td><td>10%</td><td>-팀 프로젝트를 수행하는 가운데 새롭게 배운 점, 경험한 문제 상황 및 이를 해결하기 위한 본인의 노력, 앞으로 관련 역량을 높이기 위한 포부를 성찰하여 보고서로 작성함.
-자유양식이며, A4 2페이지(글자크기 10 기준) 내외 분량
-개인성찰 보고서는 0일 00시까지 이러닝 시스템 과제함을 통해 제출함</td></tr>
<tr><td colspan="2">수업 참여 태도</td><td>20%</td><td>-수업 참여 태도는 다음 3단계로 평가 예정임.
A: 수업에 적극적으로 참여하면서 자신의 아이디어를 나누어 다른 수강생의 성장에도 도움이 됨.
B: 수업을 성실히 수강하고는 있으나, 소극적인 참여 태도만 보임.
C: 수업 중 카메라를 꺼두는 등 전반적으로 불성실함.</td></tr>
<tr><td colspan="2">합계</td><td>100%</td><td></td></tr>
</table>

표 9 강의 중심 블랜디드 수업에서의 평가 계획 예시

평가 요소		반영 비율	주요 내용
출석		20%	-지각 3회는 결석 1회로 처리 -유고결석 처리 등 출석 평가는 학교 기준에 따름
지필 시험	중간 고사	35%	-OX형 5문항 × 1점 = 5점 -단답형 10문항 × 2점 = 20점 -약술형 2문항 × 5점 = 10점
	기말 고사	35%	-단답형 10문항 × 2점 = 20점 -약술형 3문항 × 5점 = 15점
과제		10%	-14주차에 주제 안내 예정 (일종의 재택 시험에 해당하므로 사전공지 안함) -A4 3페이지(글자크기 10 기준) 내외 분량 -기말고사 당일 출력하여 시험지와 함께 제출
합계		100%	

2) 오리엔테이션

각 과목의 첫 시간은 주로 수업 오리엔테이션을 위해 할애된다. 이미 강의계획서에 평가 계획을 상세히 제시하였다 하더라도, 오리엔테이션 시간을 활용하여 이에 대해 구두로 다시 설명해 주는 것이 좋다. 학생들이 평가에 대해 궁금한 사항을 질문할 경우, 이미 결정된 사항이라면 정확하게 다시 한 번 설명해주고, 아직 구체적으로 결정되지 않은 사항이라면 추후에 안내하도록 보류하되 학생들의 의견을 들어 참고한다. 오리엔테이션 때 학생들에게 강의에 대한 요구 조사지를 작성하도록 한 후, 이 내용을 반영하여 2주 차에 수정된 강의계획서를 공지할 수도 있을 것이다. 학생들의 선 이수 교과목의 목록,

수강 동기, 강의 수강을 통해 달성하고자 하는 개인 목표 및 기대 학점, 강의 수강을 위해 교수자가 배려해야 할 특기 사항, 팀 구성에 대한 요구 등, 학습자 요구를 분석한 내용은 강의 및 평가 전략을 수정하거나 유지하는 데 있어 중요한 기초자료가 된다.

평가 활동과 관련해서는 정확하고 공식적으로 안내해주어야 한다. 대학에서 사용하고 있는 학습관리시스템이 있다면 공지사항에 평가와 관련한 내용을 게시하는 것이 좋다. 비대면 수업의 경우라면 보다 즉각적으로 소통할 수 있는 프로그램을 추가적으로 활용할 것을 권장한다. 예를 들어 카카오톡 오픈채팅방의 경우 교수자가 대화방을 개설한 후, 수강 학생들에게 대화방명 혹은 URL을 알려주면, 학생들은 자신의 개인적인 정보 노출 없이 편안하게 수업 대화방에서 수시로 공지사항을 확인하거나 공식 질문을 주고받을 수 있다.

표 10 강의 요구 조사 예시

<table>
<tr><td>수업명</td><td colspan="3">교육평가</td></tr>
<tr><td>수강자</td><td>이름: 길○○</td><td>학과: 교육학과</td><td>학번: 1234567</td></tr>
<tr><td colspan="4">요구 조사 내용</td></tr>
<tr><td>선수과목
이수</td><td colspan="3">• 본 수업과 관련하여 사전에 이수한 과목을 적어주세요.</td></tr>
<tr><td>성취
목표</td><td colspan="3">• 수강을 통해 달성하고자 하는 목표를 적어주세요.
• 목표를 달성하기 위해, 스스로 가장 노력하고 싶은 점은 무엇입니까?
• 기대 학점을 적어주세요.</td></tr>
<tr><td>필요
자원</td><td colspan="3">• 목표를 달성하기 위해 교수, 혹은 동료로부터 가장 받고 싶은 도움이 있다면 무엇입니까?
• 비대면 수업을 실시간으로 수강하는 데 있어 어려움이 있습니까?</td></tr>
<tr><td>수업에
대한
요구</td><td colspan="3">• 수업 방식이나 평가 방법에 대한 요구 사항이 있다면 자유롭게 적어 주세요.
• 팀 프로젝트를 위한 팀 구성에 있어 요구 사항이 있다면 자유롭게 적어 주세요.</td></tr>
<tr><td>기타</td><td colspan="3">• 수업을 성공적으로 이수하기 위해 배려 받고 싶은 부분이 있다면, 자유롭게 적어주세요.</td></tr>
</table>

CHAPTER

03

대학에서의 학생평가 실행

01 출석 평가

1) 출석 평가 방법

출석 평가는 학생이 수업에 참석했는지의 여부를 확인한 후 점수화하여 반영하는 것이다. 일반적으로 학기 중에는 주로 출석 점검 및 기록과 같은 출결 관리가 이루어지고, 학기 말에 관리된 자료를 종합하여 점수화하게 된다. 출석 평가는 기준에 따라 단순 확인하고 기록하는 방식으로 이루어지므로, 가급적이면 시간과 노력을 최소화할 수 있도록 출석 평가 시스템을 마련해두는 것이 좋다. 대학에서 자체적으로 도입한 출석 평가 시스템이 있다면 이를 활용하는 것이 최선이다. 최근 각 대학에서는 비대면 수업을 위해 온라인 출석 시스템을 운영하는 경우가 많은 데, 학생 입장에서도 매주 자신의 출결 상황을 온라인에서 바로 확인할 수 있고 필요 시 정정을 요청할 수도 있어 편리한 점이 있다.

시스템을 활용하여 출석을 관리한다 하더라도, 만약을 대비하여 출석부 인쇄본이나 파일을 가지고 있을 것을 권장한다. 대학에서 사용하고 있는 시스템에 메모를 추가하거나 변경 로그를 확인할 수 있는 기능이 없다면, 유고결석 사유나 입력 오류로 인한 수정 등 출석과 관련한 사항은 별도로 정리할 필요가 있기 때문이다. 뿐만 아니라 출석부는 수업 활동 중에 학생 명단이 필요할 때도 유용하게 활용될 수 있으므로, 가급적 수업 시간에는 출석부 인쇄본이나 파일을 가지고 있는 것이 좋다.

출석 평가는 정확하고 일관되게 이루어져야 한다. 그리고 이를 위해서는 출석 평가를 위한 구체적인 기준이 마련되어 한 학기 동안 예외 없이 적용되어야 한다. 이를 위해 대학의 출석 평가 지침을 우선적으로 파악하는 것이 좋다. 예를 들어 유고결석의 인정 기준은 무엇인지, 지각과 결석의 횟수가 점수에 어떻게 반영되는지, 출석 횟수 미달로 낙제(fail) 처리가 되는 기준이 있는지 등 대학의 출석 평가 기준이 무엇인지 미리 확인하고 숙지할 것을 권장한다.

그러나 대부분의 경우 출석, 지각, 결석 인정의 세부적인 기준은 교수자가 스스로 만들어야 한다. 예를 들어 출석의 기준을 정시에 강의실에 입장해 있는 것으로 볼 수도 있고, 출석을 확인할 때 강의실에 있는 것으로 볼 수도 있다. 후자의 경우 출석 확인 순서로 인해 형평성 문제가 생기지 않도록 하기 위해 출석 확인이 끝날 때까지 입장한 경우 출석으로 인정해주기도 한다. 지각의 경우도 기준이 필요하다. 수업 시간의 절반이 지나 입장하면 지각이 아닌 결석으로 보는 경우도 있고, 수업이 끝나기 전에만 입장한다면 지각으로 인정해주는 경우도 있다. 녹화 강의 중심의 비대면 수업 상황에서는 정해진 기간 내 강의를 수강하면 되기 때문에 녹화 강의를 언제, 어떻게 수강하였는지를 출석 관리로 연계하여 확인할 수 있어야 한다. 이처럼 출석, 지각, 결석을 판정하는 절대적인 기준은 없다. 교수자가 대학 시스템의 여건과 수업의 특성 등을 종합적으로 고려하여 기준을 만들면 된다. 중요한 것을 사전에 기준을 만들고 이를 한 학기 동안 예외 없이 적용할 것을 학생들과 약속하는 것이다.

대면 수업이든 비대면 수업이든 학생의 성실한 출석은 교육 목표 달성을 위한 기본 조건이 된다. 학생이 출석하지 않는다면, 즉 강의실 대면 수업 혹은 실시간 비대면 수업에 참석하지 않거나 녹화 강의 중심의 비대면 수업에서 기한 내에 정해진 강의를 제대로 수강하지 않는다면, 학생이 수업을 통해 변화될 수 있는 기회를 잃게 된다. 한 학기 동안의 수업은 모든 주차를 출석하는 학생들을 기준으로 설계된다. 학생이 특정 주차에 결석 혹은 지각하여 수업 유실이 생기면, 정상적인 수업 진행 속도에 맞추어 따라가기가 쉽지 않다. 물론 결석이나 지각을 하지 않도록 독려하는 것이 가장 중요하겠으나, 만약 그런 경우가 생기더라도 보완 학습을 할 수 있도록 최소한의 안내를 해 줄 필요가 있다. 강의계획서에 주차별 계획이 구체적이고 이를 준수하여 강의를 진행했다면 그것만으로도 충분하다. 그러나 그렇지 못한 경우라면 어떻게 해당 수업 시간의 내용을 보완할 수 있는지 간단하게라도 안내해주는 것이 좋다. 특히 유고결석의 사유를 가진 경우라면 더욱 이러한 배려가 필요하다.

2) 출석 평가의 실제

zoom과 같은 화상회의 시스템을 활용하여 실시간 비대면으로 진행되는 수업에서, 인원이 많지 않다면 출석 확인 시간을 기준으로 참가자 영상 혹은 참가자 목록을 캡처하여 확인하는 방법을 권장한다. 출석 확인을 위해서는 학생들이 대화명을 출석부에 기재된 실명과 동일하게 사용해야 한다. 성과 이름이 다양한 양식으로 입력되면(예: 박 소연, 소연 박, 소연박, 박소연 등) 출석 확인에 많은 시간이 소요되므로, 학생들에게 성과 이름 특정 양식으로 보이도록(예: 박소연) 입력할 것을 요청할 필요가 있다. 화면을 캡처할 때에는 학생들에게 그 목적과 활용 범위를 설명하고 동의를 구해야 한다.

인원이 많아지면 영상이나 참가자 목록을 보며 한 명씩 출석을 확인하는 데 시간도 많이 소요될 뿐만 아니라 오류가 생길 위험도 크다. 수강 인원이 30명을 넘는 수업이라면 zoom에서 유료회원에게 제공하는 '보고서' 기능을 활용할 것을 권장한다. zoom 홈페이지에 로그인하여 관리자 메뉴 중 보고서를 클릭하면, 회의별 활성호스트를 확인할 수 있다. 활성호스트 보고서에서는 지정한 기간 중에 진행된

회의와 각 회의 참가자의 참가시간을 확인할 수 있다. 만약 교수자가 특정 기간 수업들의 출석 확인을 하려고 한다면, 시작과 종료일을 선택하면 해당 기간에 진행한 수업(회의)의 목록이 나타난다. 수업명(주제)과 시간을 확인한 후 출석 확인을 하고자 하는 수업의 참가자로 표기된 수를 클릭하면 해당 참가자의 접속 로그에 대한 보고서 생성이 가능하다.

보고서는 스프레드시트로 생성되는데, 모든 참가자의 기록이 참가 단위별(예: 대기실 대기, 메인 회의 참석, 소그룹 회의 참석 등)로 시간순서대로 정렬되어 있다. 이름순으로 정렬하면 각 참가자별 활동을 일목요연하게 확인할 수 있다. 최초 참가 시간을 활용하면 출석 평가를 할 수 있다. 옵션을 선택하면 참가자별로 참가 시간을 누적한 보고서를 생성해준다. 실시간 비대면 수업을 진행하다보면 시스템의 문제 등으로 갑자기 회의실에서 나가는 경우도 발생한다. 성실한 학생이라면 최대한 빨리 수업에 돌아와서 수업 유실을 최소화할 것이다. 그러나 만약 출석만 확인한 후 회의실에서 나가고 돌아오지 않는다면 출석 평가에 반영해야 할 것이다. 참가자별로 참가 시간을 누적한 보고서는 학생들이 전체 수업시간에 모두 출석 상태로 있었는지를 확인하기에 용이하다.

표 11 비대면 실시간 수업 출석 점검 예시

<table>
<tr><td colspan="2">수업명</td><td colspan="6">평가적 사고</td></tr>
<tr><td colspan="2">출결기준</td><td colspan="6">• 출석: 최초 로그인 시각이 수업 시작 시간 이전이고, 최후 로그아웃 시각이 수업 종료 시간 이후이며, 전체 참여 시간이 수업 시간 이상인 경우
• 지각: 최초 로그인 시각이 수업 시작 시간 이후 10분 이내인 경우
• 결석: 최초 로그인 시각이 수업 시작 시간 이후 10분 초과한 경우 혹은 최후 로그아웃 시각이 수업 종료 시간 이전인 경우</td></tr>
<tr><td colspan="2">수업일시</td><td colspan="6">202×년 ×월 ××2일 (×) 10:00~10:50</td></tr>
<tr><td colspan="2" rowspan="2">학생</td><td colspan="3">실시간 수업 참여 기록</td><td colspan="3">출결</td></tr>
<tr><td>최초 로그인 시각</td><td>최후 로그아웃 시각</td><td>전체 참여 시간 (분)</td><td>출석</td><td>지각</td><td>결석</td></tr>
<tr><td>1</td><td>김OO</td><td>2020-10-12 09:50</td><td>2020-10-12 10:50</td><td>60</td><td>O</td><td></td><td></td></tr>
<tr><td>2</td><td>박OO</td><td>2020-10-12 10:03</td><td>2020-10-12 10:51</td><td>48</td><td></td><td>O</td><td></td></tr>
<tr><td>3</td><td>이OO</td><td>2020-10-12 10:12</td><td>2020-10-12 10:50</td><td>38</td><td></td><td></td><td>O</td></tr>
<tr><td>4</td><td>권OO</td><td>2020-10-12 10:00</td><td>2020-10-12 10:40</td><td>40</td><td></td><td></td><td>O</td></tr>
<tr><td>5</td><td>허OO</td><td>2020-10-12 10:12</td><td>2020-10-12 10:37</td><td>25</td><td></td><td></td><td>O</td></tr>
</table>

02 참여도 평가

1) 참여도 평가 방법

참여도는 수업 활동에 얼마나 적극적으로 참여하였는가를 의미한다. 따라서 주로 학습자 활동이 많은 토의·토론 중심, 프로젝트 중심, 실기·실습 중심 수업에서 참여도 평가를 활용한다. 학생이 토의와 토론에 얼마나 적극적으로 참여하였는지, 팀 프로젝트에 얼마나 기여하였는지, 다른 학생의 실기와 실습에 얼마나 성실하게 피드백하였는지 등을 평가하는 것이 모두 참여도 평가이다.

참여도는 정성적 혹은 정량적으로 평가할 수 있다. 정성적으로는 주로 참여 태도를 평가한다. 다른 학생들과 의사소통이 얼마나 적절하였는지, 유익하고 흥미로운 결론을 도출하는 데 어떻게 기여하였는지 등을 총괄적으로 판단하기 위한 질적 기준을 토대로 계량화하여 점수에 반영한다. 정량적으로는 주로 참여 빈도를 평가한다. 예를 들어 질문의 횟수, 피드백 횟수 등을 기록하여 이를 그대로 점수화하거나 혹은 급간을 나누어 해당 점수로 반영한다. 정성적으로 참여도를 평가하는 경우 평가 기준을 고려한 총괄적인 판단이 이루어지는 경우가 많고, 정량적으로 참여도를 평가하는 경우에는 평가 기준별 분석적인 판단이 이루어지는 경우가 많다.

참여도를 평가하려면 사전에 구체적인 기준을 마련하여 학생들과 공유하는 것이 좋다. 교수자가 임의로 참여도를 평가하다보면 다양한 평가 오류를 범할 위험이 있다. 예를 들어 기억에 남는 학생은 참여를 많이 했기 때문일 것이라 여긴다든지, 학생들에 대해 가진 이미지나 호감도가 곧 참여도라고 오해한다든지, 지각이나 결석을 참여도 평가에 중복 반영한다든지 하는 것 등이 대표적인 오류이다. 이를 방지할 수 있는 가장 좋은 접근은 미리 평가 기준과 방법을 자세히 설계해두는 것이다. 참여도 평가가 어떻게 이루어지는지를 학생들에게 미리 알려주면 수업 활동 참여를 독려하는 데 도움이 된다.

비대면 실시간 수업에서는 오히려 학생이 참여도 평가에 대해 더욱 민감하다. 비대면 수업의 특성상 로그인 확인만 되면 수업 활동에 전혀 참여하지 않더라도 출석 확인을 받을 수 있다. 교수자가 아무리 카메라와 마이크로 수시 점검한다 하더라도, 학생이 마음만 먹으면 적당히 반응하며 수업에 남아 있을 수 있다. 비대면 수업에서는 상대적으로 출석을 인정받는 것이 수월하기에 학생 스스로 이를 보완하기 위한 방법으로 참여도 평가를 요구하고 있다.

실시간 비대면 수업에서의 참여도 평가는 단순히 수업 중 활동의 적극성뿐만 아니라 수업 참여를 위한 준비도를 포함한다. 원활한 의사소통을 위해 카메라와 마이크 등의 장비를 마련하였는지, 수업에 집중할 수 있는 적절한 장소에서 접속하였는지, 공동 작업에 필요한 컴퓨터와 프로그램을 갖추었는지 등을 함께 평가할 필요가 있다. 학생이 이와 같은 준비를 하지 않을 경우 학습 활동이 원활하게 진행되기 어렵다. 특히 학생들끼리의 소그룹 활동을 할 때는 이러한 준비가 팀의 수행에 적지 않은 영향을 주기 때문에, 오히려 학생들이 교수자에게 준비도를 엄격하게 평가해 줄 것을 요구하기도 한다. 다만, 수업 참여를 위한 준비도가 충분하지 않다고 판단되는 학생이 있다면 그 이유를 정확히 파악하여 참여도 점수를 부여할 필요가 있다. 때때로 의도와 달리 학생이 처한 개인적 상황 및 여건에 따라 충실히 준비하는 것이 어려울 수도 있다. 오리엔테이션에서 강의 수요 조사 등을 통해 학습자 분석이 잘 이루어져야 할 이유이기도 하다.

2) 참여도 평가의 실제

팀 프로젝트 중심 수업에서는 학생들 간의 상호작용과 협력이 매우 중요하다. 각 학생이 팀 활동에 얼마나 적극적으로 참여했는지는 함께 활동한 동료 학습자들이 가장 잘 알고 있다. 따라서 팀 프로젝트 중심 수업에서는 참여도 평가에 학생상호평가를 적극 활용할 것을 권장한다. 예를 들어 교수자는 상호평가 워크시트에 학생들에게 함께 활동한 팀원별로 어떤 역할을 수행했는지 기록하게 하고 팀에의 상대적 기여도를 비율로 평가하도록 요청한다. 이렇게 작성된 워크시트를 팀별로 모아 분석하여 기여도가 높거나 혹은 낮은 학생에 대해 팀원들의 의견이 일치할 경우 이를 참여도 점수에 반영하는 방법을 활용할 수 있다.

이 외에도 전체 팀의 성과를 100으로 두었을 때, 각 팀원들이 성과에 기여한 상대적인 비율을 작성하도록 요구할 수도 있다. 다만, 판단을 위한 기준이 행동지표로서 구체적으로 기술되지 않았다면, 학생 개인의 성향 및 대인 관계에 따라 객관적인 평가 혹은 냉철한 점수 부여가 어려울 수 있다. 만약 상대적 기여도에 대한 판단이 팀원들 간 서로 불일치할 경우 다각도로 근거를 수집하여 종합적으로 판단하고자 노력해야 한다.

학습자 상호평가를 위해 보다 정교한 워크시트를 활용할 수도 있다. 워크시트를 어떻게 작성해야 하는지에 대한 상세 설명과 더불어 점수 부여 기준을 명확하게 제시해주면, 작성도 수월하고 결과의 신뢰도도 높다. 동일한 학생에 대해 다양한 회차에 걸쳐 다양한 동료 학습자가 평가한 결과를 종합적으로 분석해보면, 워크시트가 정교할수록 결과의 일관성이 높은 것으로 나타났다. 따라서 학습자 상호평가 결과를 참여도 평가에 직접 반영하고자 한다면, 가급적 정교한 워크

표 12 참여도에 대한 학생상호평가 예시

<평가 방법 안내>

1) 첨부된 팀 편성 파일을 참고하여 함께 활동한 팀원의 이름을 확인하세요.
2) '평가자' 란에 자신의 이름을 기재하세요.
3) '팀' 란에 자신이 각 차수에 활동한 팀을 기재하세요. (예. 1팀, 2팀, 3팀…)
4) '팀원 명' 란에 해당 팀원의 이름을 '자신을 포함하여' 기재하세요.
5) '참여도'란에 자신을 포함한 각 팀원의 참여도를 5점 만점을 기준으로 평가해주세요. 활동이 기억나지 않는 경우, 비워두세요.
   1점: 전혀 참여하지 않음(마이크나 카메라 문제 포함)
   2점: 소극적으로 참여함(형식적으로 참여하여 최소한만 활동)
   3점: 보통임(주어진 일을 적당히 함)
   4점: 적극적으로 참여함(의견 적극적으로 개진)
   5점: 매우 적극적으로 참여함(자발적 내용 정리, 다른 팀원 참여 독려, 발표 등)
6) '비고' 란에 평가 이유를 기재해주세요. (예: 팀 모임 시간에 매번 지각함, 팀 모임에 거의 참석하지 않음, 주도적으로 내용 정리함 등)

현황

평가자	김OO	
평가팀	3팀	
평가일	202×년 ×월 ××일 (×)	
조원명 (본인 포함)	참여도 (5점 만점)	이유 (참여도 평가 근거를 상세하게 기재)
김OO	3	남이 물어보거나 누가 먼저 의견을 제시한 후 의견을 제시하는 등 그냥 적당히 참여함
박OO	5	팀장, 발표, 의견정리를 가장 많이 했고 다른 팀원이 하기 어려워하는 일을 자발적으로 맡아서 하면서, 팀원들의 참여를 독려함
이OO	2	누가 물어볼 때에만 소극적으로 조금씩 참여함
권OO	2	자신이 역할을 맡았을 때에는 그나마 의견을 이야기하는 등 어쩔 수 없이 참여를 하지만 그 외에는 잘 참여하지 않음
허OO	1	카메라가 항상 꺼져있으며, 팀활동에 거의 참여하지 않음

시트를 활용할 것을 권장한다.

참여도 평가를 위해 학습자 간 상호평가 외에도 학생 스스로 자신의 수업 안팎에서의 활동 참여를 돌아보는 자기평가 또한 적용해 볼 수 있다. 한 학생에 대해 교수자의 관찰과 동료 학습자들의 평가, 그리고 자기 스스로의 성찰적 평가가 일치할 수도 있고 불일치할 수도 있다. 일치한다면 평가의 다각화 측면에서 조금 더 신뢰로운 평가로 이어질 수 있고, 불일치한다면 조금 더 객관적으로 수업 중 참여의 내용을 들여다 볼 이유가 된다.

자기평가는 팀 프로젝트 장면에서만 활용되는 것이 아니라 개인별 과제에서도 적용될 수 있는데, 이때는 과제를 수행하는 과정에서 새롭게 학습한 점, 문제 해결을 위한 자신의 노력, 목표에 도달하였다 하더라도 보다 나은 방법은 없었는지에 대한 개선 방안 탐색, 후속되는 활동을 위한 포부를 진지하게 성찰하도록 안내할 필요가 있다. 단, 이러한 목적에서 자기평가가 실시될 경우에는 그 활동이 잘 이루어질 수 있도록 자기평가의 목적을 사전에 상세히 안내하고, 자기평가의 결과를 세부적으로 등급화하기보다는 P/F로 접근하는 것을 권장한다.

03 지필시험

1) 지필시험 방법

대학에서 지필시험은 주로 인지적 성취수준을 평가하는 방법으로 활용된다. 지필시험은 다른 평가 방법에 비해 자료 수집 상황에서 평가자의 직접 개입이 거의 없으므로, 자료를 수집하는 도구인 시험지의 타당도, 신뢰도와 같은 양호도가 특히 중요하다.

지필시험은 시험 설계, 문항 개발, 시험지 준비, 시험 실시, 채점의 단계로 이루어진다. 첫 번째, 시험 설계 단계에서는 시험의 목적과 범위를 확인하고 문항의 유형과 개수를 결정한다. 구체적으로 살펴보면, 먼저 시험의 목적을 확인한다. 시험의 목적이 학습 수준 진단인지 혹은 성취도에 대한 총괄적인 평가인지, 참고 자료로만 비공식적으로 활용할 것인지 혹은 성적에 공식적으로 반영할 것인지 등에 따라 시험의 방향도 달라진다. 시험의 출제 범위를 확인하고 채점기준표(rubric)를 활용하여 출제할 문항을 배정하는데, 이때 각 문항의 유형

표 13 문항의 유형

채점자 주관 개입 정도에 따른 구분	문항 유형	수험자의 반응 형태에 따른 구분
객관형	진위형	선택형
	배합형	
	선다형	
객관형 혹은 주관형	단답형	서답형
	완성형	
주관형	논술형	

도 함께 결정하면 좋다. 문항의 유형은 채점 과정에서 채점자의 개입 가능성에 따라 주관형과 객관형으로 구분되기도 하고, 피험자가 제한된 답지에서 선택하여 표기하는가 아니면 답을 구성하여 작성하는가에 따라 선택형과 서답형으로 구분되기도 한다.

두 번째, 문항 개발 단계에서는 문항을 작성하고 검토한다. 문항을 작성할 때에는 반드시 수업 목표를 염두에 두고, 내용, 난이도, 유형을 고르게 출제하여야 한다. 해당 내용에 대해 아는 정도가 점수로 정확하게 반영될 수 있도록, 알면 풀 수 있고 그렇지 않으면 풀 수 없는 문항이 좋은 문항이다. 따라서 범위를 벗어난 생소한 용어를 사용한다든지, 문항의 출제 의도를 이해하는 것이 어렵다든지, 내용을 몰라도 추리를 통해 풀 수 있는 여지가 있는 문항은 바람직하지 않다. 특히 서답형 문항의 경우 답안 작성 분량과 채점 시 고려사항을 문항에 함께 밝히는 것이 좋으며, 문항 개발 시 모범 답안과 채점기준표를 함께 개발할 것을 권장한다. 문항을 검토하는 과정에서 다음과 같이 체크리스트를 개발하여 활용할 수 있다.

표 14 문항 검토를 위한 체크리스트 예시

구분	검토 내용	Y	N
문항 내용 및 형식	문항의 내용이 수업 중 학습한 내용에서 벗어나지 않았는지?	○	
	문항이 수업 내용 중 반드시 알아야 하는 핵심적인 내용을 포함하고 있는가?	○	
	문항의 내용이나 형식이 학생들의 다양한 사고능력을 융합적으로 평가할 수 있는가?	○	
	문항의 내용이나 형식이 교육적, 혹은 윤리적으로 문제가 되지 않는가?	○	

구분	검토 내용	Y	N
	문항의 내용이나 형식이 특정한 성별, 계층, 문화 등을 가진 학생에게 유리하거나 불리하지는 않은가?	○	
발문 및 답지 구성	문항의 출제 의도가 명확하게 이해되는가?	○	
	(선택형) 복수정답이 있거나 답이 없는 것은 아닌가?	○	
	(선택형) 오답이 충분히 매력적인가?	○	

세 번째, 시험지 준비 단계에서는 개발된 문항으로 시험지를 구성하고 편집하여 인쇄한다. 문항을 배열할 때에는 가급적 쉽고 간단한 문항을 앞에, 어렵고 복잡한 문항을 뒤에 배치하는 것이 좋다. 문항의 유형별로 분류하여 배열하는 것이 일반적인데, 이때 유형별로 응답 요령, 채점 기준 등 지시사항을 함께 작성하는 것이 바람직하다. 지시사항을 별도로 작성하지 않았다면, 시험 시 구두로라도 안내해주는 것이 좋다. 편집이 끝나면 시험지를 인쇄하여 준비한다.

네 번째, 시험 실시 단계에서는 학생들이 시험에 응시할 수 있도록 환경을 정비하고 시험지를 배포하고 수거한다. 시험 장소는 시험이 진행되는 동안 학생들이 방해를 받지 않고 집중할 수 있도록 조성하는 것이 좋다. 부정행위 등을 사전에 방지하기 위해서 좌석을 재배치하거나 필기구 외의 물품을 모두 가방에 정리해 넣도록 하는 것이 필요할 경우도 있다. 학생들이 시험에 응시할 준비가 끝나면 시험지를 배포하고 시험 지시사항을 간략하게 설명한 후 시험 종료시간을 안내한다. 시험을 마치면 퇴실하도록 허용하고 있다면, 제일 먼저 답안 작성을 마친 학생이 퇴실한 이후에는 지각한 응시자가 추가 입실하지 못하도록 해야 한다. 퇴실자로 인해 다른 학생들이 답안지 작성하는 데 방해받지 않도록 시험이 시작된 후 일정 시간 경과 이후에 퇴실할 수 있도록 하는 것도 고려해 봄직하다.

마지막, 채점 단계에서는 학생들의 문항별 응답에 점수를 매기고 학생별 총점을 구한다. 채점을 할 때에는 무엇보다 정확성과 공정성이 중요하다. 사전에 만들어 둔 채점기준표를 기준으로 채점하되, 부분 점수 반영 기준 등 세부적인 내용은 가채점을 하면서 채점기준표를 보완하는 것이 좋다. 그리고 채점 시에는 학생 단위가 아닌 문항 단위로 채점하는 것이 더 좋다. 만약 학생 단위로 채점하게 되면 전후 문항에 대한 응답에 의해 영향을 받게 될 수도 있고, 학생에 대한 선입견이 작용하여 관대하거나 엄격한 채점으로 이어질 우려도 있다. 문항 단위로 채점하는 것이 교수자가 일관성을 유지하면서 신속하게 채점하는 데에도 도움이 될 수 있다.

2) 지필시험의 실제

일반적으로 시험은 교수자가 학생들의 학업 수준을 평가하기 위한 도구 중 하나이며, 교수자 주도로 시험 문항을 출제하게 된다. 그러나 시험 문항을 출제하는 경험은 학생들에게도 학습의 측면에서 도움이 될 수 있다. 시험 문항을 출제하려면 수업 목표가 무엇인지 염두에 두어야 하고, 해당 범위에서 중요한 내용을 선별할 수 있어야 하며, 그 내용을 정확하게 알고 있어야 한다. 만약 학생이 시험 문항을 출제하는 활동을 경험한다면 새롭고도 유용한 학습 경험이 될 것이다.

예를 들어 개념과 이론에 대한 이해가 중요한 전공 과목에서 차시별 또는 주차별 수업 내용에 대한 퀴즈 문항을 학생이 직접 출제하는 활동을 해 볼 수 있다. 개인별로 출제하기보다는 2~3명으로 집단을 구성하여 출제하도록 하는 것이 집단학습을 촉진한다. 출제 범위를 지정하고 범위 내에서 진위형, 선다형, 단답형 유형으로 각각 일정 개수의 문항을 출제해 보도록 한다.

표 15 학습 활동으로서의 퀴즈 문항 출제 예시

출제자	박OO	출제일	202×년 ×월 ××일 (×)
출제 범위	조직행위 이론		

번호	문항내용	정답 및 해설
1	(진위형) 동전을 던지거나 주사위를 굴려서 대안 중 하나를 선택하는 것을 직관적 의사결정이라 한다.	정답: X 해설: 직관적 의사결정은 운에 맡기는 것이 아니라 축적된 경험에서 비롯되는 무의식적 과정에 기초하여 신속하게 결정하는 것이다.
2	(진위형) Taylor는 기업의 최대 번영이 높은 능률에 의해 실현될 수 있으며, 이에 과학적 관리를 위해서는 차별성과급이 전제되어야 한다고 하였다.	정답: O
3	(단답형) 공식적으로 부여받지는 않았으나, 조직과 다른 구성원들에게 도움이 되는 행동을 무엇이라 하는가?	정답: 조직시민행동
4	(완성형) 어떤 효과 혹은 영향력을 알아보기 위해서 자신이 선택되었다고 인식한 사람은 실제로 그 효과를 나타내 보이게 된다는 것을 (　　　　　)라 한다.	정답: 호손 효과 해설: Mayor가 주도한 계전기 조립 실험에서 요인의 변화와 상관없이 생산성이 계속 증가하는 것으로 나타났는데, 이와 같이 어떤 효과 혹은 영향력을 알아보기 위해서 자신이 선택되었다고 인식한 사람은 실제로 그 효과를 나타내 보이게 된다는 것을 호손효과라 한다.
5	(논술형) Weber가 제시한 관료제의 특징을 설명하시오.	모범답안: Weber는 조직의 비효율성을 방지할 수 있는 이상적 형태로 관료제를 제시하였다. 관료제는 분업을 통한 과업의 전문화, 권한관계와 위계제도, 문서에 의한 규칙과 규정, 비개인화를 특징으로 한다.

문항 개발이 목적이라기보다는 문항을 개발하는 과정에서 학습하는 것이 목적이므로, 각 문항과 관련한 핵심 내용, 정답과 문제풀이를 성의껏 정리하도록 유도한다. 학생들이 문항 개발을 마치고 나면 교수자는 이를 취합하여 문항 풀을 구성하고 학습자와 공유한다. 퀴즈를 진행할 때에는 가급적 문항 풀에서 우수 문항을 선정하여 활용하도록 한다.

3) 비대면 지필시험에서의 부정행위 방지

지필시험에서 학생들의 부정행위(cheating)는 다양한 형태로 이루어진다. 부정행위는 개인 단독으로 이루어지기도 하지만, 여러 명의 협업 혹은 대리시험의 형태로 부정행위를 하기도 한다. 시험문제를 확보하는 등 사전에 준비된 부정행위도 있고, 시험 상황에서 즉흥적으로 부정행위를 저지르기도 한다. 시험 중 무단으로 자료를 참고하는 부정행위는 커닝 페이퍼나 다른 응시자의 답안을 베끼는 등 주로 시각 정보를 활용해왔으나, 최근에는 블루투스 이어폰을 활용하는 등 청각 정보를 활용하는 방식으로까지 진화되고 있다. 지필시험에서의 부정행위를 막기 위하여 교수자는 시험지에 대한 철저한 보안, 시험장에서 응시자 본인 확인, 시험 직전 응시자 좌석 무작위 변경하는 등의 노력을 하며, 특히 시험 중 응시자가 무단으로 시각 혹은 청각 정보를 얻지 않도록 철저히 감독한다.

비대면 수업의 경우 지필시험 역시 비대면으로 실시하는 경우가 많은데, 비대면 지필시험에서 학생들의 부정행위가 증가하면서 이를 방지하기 위한 방안들이 마련되고 있다. 비대면 지필시험 부정행위 방지를 위한 지원 시스템들은 응시자 컴퓨터의 브라우저 접속을 차단하는 기능, 응시자의 컴퓨터와 스마트폰의 카메라를 통해 응시자 얼굴과 주변을 모니터링하는 기능, 컴퓨터의 마이크를 이용해 주변 환경을 소리를 감시하는 기능 등을 제공하고 있다. 이러한 시스템을 전면 도입하여 제공하는 대학도 있지만, 개별 교수자가 상황을 고려하여 부정행위 방지 전략을 세워야 하는 경우가 많은 현실이다.

비대면 지필시험은 크게 두 가지 유형으로 구분할 수 있다. 첫 번째 유형은 응시자가 답안지에 직접 답안을 작성하여 사본을 제출하는 방식으로 이루어지는 지필시험이다. 이 경우 교수자는 사전에 답안지 파일을 제공하여 응시자에게 미리 출력하도록 하거나 혹은 답안지로 사용할 수 있는 용지를 사전에 안내하여 응시자가 준비할 수 있도록 한다. 응시자는 시험이 종료되면 작성한 답안지를 즉각 스캔 혹은 촬영하여 메일로 전송하는 등의 방식으로 제출하게 된다. 시험 감독은 응시자의 컴퓨터와 스마트폰의 카메라로 이루어질 수 있다. 예를 들어 컴퓨터 카메라는 응시자의 전면에 배치하여 얼굴과 손을 포함하여 응답지가 작성되는 장면을 실시간 송출하고, 스마트폰 카메라는 좌측 혹은 우측에 배치하여 응시자의 책상을 포함하여 응시 환경 전반을 실시간 송출하면, 교수자가 이를 모니터링하여 부정행위를 방지할 수 있다.

두 번째 유형은 컴퓨터 기반 시험으로 온라인 시험관리 시스템을 활용하거나 혹은 답안지를 워드프로세서를 활용하여 작성하는 방식으로 이루어지는 지필시험이다. 이 경우 교수자는 사전에 온라인 시험관리 시스템에 문항을 등록하고 각종 기능을 활용하여 시험 방식을 설정하거나, 시험이 시작되면 문항을 응시자 전원에게 공개한다. 응시자는 시스템에 접속하여 정해진 시간 내에 시험을 종료하거나, 워드프로세서로 답안지를 작성하여 메일로 제출하게 된다. 시험 감독은 첫 번째 유형과 마찬가지로 응시자의 컴퓨터와 스마트폰의 카메라로 이루어질 수 있으나, 응시자가 컴퓨터를 활용한다는 점을 고려하여 응시자의 컴퓨터 화면을 적극적으로 모니터링할 필요가 있다. 온라인 시험관리 시스템에서 시험 중 인터넷 브라우저 접속을 차단하는 락다운(lock down) 기능을 제공할 경우 이를 활용하면 되지만, 만약 여건이 되지 않는다면 응시자들에게 화면녹화 도구를 활용하여 응시 영상을 녹화하여 답안지와 함께 제출할 것을 요구하는 것이 좋다.

이러한 노력에도 불구하고 사실 비대면 지필시험에서 부정행위를 방지하는 것에는 분명한 한계가 있다. 감독을 위한 환경 조성 및 사전 테스트를 위한 시간과 노력이 많이 소요되는데다가, 실시간 감독을 위해 담당교수 이외의 인력을 지원 받는 것도 쉽지 않다. 대규모 교양수업의 경우라면 응시자 본인 확인이 쉽지 않아 대리시험을 막기 어렵다. 또한 시험 중에 부정행위로 추정되는 행위가 포착되거나 시스템 등의 문제가 발생하는 경우에 실시간으로 대응하고 조치하는 것도 쉽지 않은 일이다. 사실 아무리 고도의 부정행위 방지 대책을 세운다고 하도 이를 뛰어넘는 부정행위 방법이 고안될 것이다.

이에 비대면 지필시험에서의 부정행위를 줄이기 위해 다음과 같은 전략이 오히려 현실적인 도움이 될 수 있다. 첫째, 학생들에게 시험과 부정행위에 대해 철저하게 안내하는 것이다. 시험 중 인정되지 않는 행위를 명확하게 규정하고 부정행위로 처리되는 조건, 부정행위 발견 시 해당하는 조치 등에 대해 상세하게 설명해줄 필요가 있다. 둘째, 비대면으로 진행하다보면 발생할 수 있는 예기치 못한 문제상황에의 대응 방안을 미리 준비할 필요가 있다. 예를 들어 서버 과부하로 인한 시험 중단, 기술적 문제로 인한 데이터 삭제, 응시자의 인터넷 접속 불량 등의 문제는 언제든 생길 수 있다. 이에 각 상황에 어떻게 대응할 것인지를 사전에 계획하고 응시자들과도 공유하는 것이 좋다. 셋째, 시험의 난이도와 규모를 고려하여 응시시간을 제한하는 것이다. 단, 교육 목표와 관계없이 짧은 시간 내에 많은 문항을 풀도록 압박하지는 않도록 경계해야 한다. 넷째, 응시자들끼리 정답을 쉽게 공유할 수 있는 선택형 문항이나 단답형 문항보다는, 응시자의 생각이나 의견이나 문제풀이 과정이 드러날 수 있는 논술형 문제를 활용하는 것이 좋다. 논술형 문항에 대해 답안을 워드프로세서로 작성하여 제출하는 경우라면 표절검사를 통해 부정행위 여부를 한번 더 점검할 수 있다. 다섯째, 성적 평가에서 지필시험의 반영비율을 줄이고, 비대면 상황에서 부정한 평가가 이루어질 위험이 적은 평가 방법을 다각적으로 활용하는 것이 좋다.

04 실기시험

1) 실기시험 방법

지필시험이 학생이 얼마나 알고 있는지를 평가한다면, 실기시험은 학생이 얼마나 할 수 있는지를 평가한다. 따라서 실기시험은 주로 실기·실습 중심 수업에서 활용된다. 실기시험을 위해서는 먼저 실기 과제를 선정하고 지시문을 작성해야 한다. 실기 과제는 수업의 교육목표와 직결되는 것으로 선정하고, 학생들이 구체적으로 시연해야 할 내용을 지시문에 담아서 안내하는 것이 좋다.

지필시험에서 시험지가 주요한 평가 도구로 활용된 것과 같이, 실기시험에는 평가자가 학생의 시연 또는 실습 내용을 판단하고 기록할 수 있는 응답지가 주요한 평가 도구이다. 응답지의 형식으로는 '예/아니오'로 기록하는 체크리스트, 질적 수준을 구분하는 평정척도, 각 요소가 일어난 횟수를 기록하는 빈도표 등이 주로 활용된다. 이 중 실기시험에 가장 널리 활용되는 것은 체크리스트이다. 관찰되어야 할 요소의 목록으로 체크리스트를 만들고, 학생이 시연하는 동안 관찰된 요소에 체크한 후, 최종 집계를 하는 방식으로 활용한다.

대면 수업과 달리 비대면 수업에서는 학생의 시연을 생생하게 관찰하기 어렵다는 단점이 있는 반면, 시연 영상을 기록하는 것이 비교적 용이하다는 장점이 있다. 이에 비대면 수업에서 실기시험을 시행할 경우, 학습자 상호평가를 활용하여 학습을 촉진하거나, 학생이 자신의 시연 영상을 분석하는 기회를 주는 등 다양한 방식으로 활용해 볼 것을 권장한다.

2) 실기시험의 실제

실기시험의 전형적인 형태는 운전면허 기능시험과 주행시험이다. 평가자는 응시자가 주어진 과제에 따라 운전하는 모습을 관찰하면서 체크리스트에 채점을 한다. 각 요소별로 점수가 부여되어 있는데, 체크된 요소의 누적 점수에 따라 합격 혹은 불합격으로 판정된다. 이와 같이 구체적인 행동을 관찰하고 해당 여부를 체크하여 평가할 수 있는 실기시험은 설계와 진행이 비교적 수월하다.

대학에서의 실기시험은 질적인 수준을 정성적으로 평가해야 하는 경우가 더 많다. 따라서 체크리스트보다는 오히려 평정척도가 더 유용하게 활용될 수 있다. 예를 들어서 리더십 역량 개발 수업에서 역할극(role play)으로 실기시험을 실시할 때, 교수자와 학생들이 함께 리더의 바람직한 행동 특성을 도출하고 1점부터 9점까지 각 점수에 해당하는 특성이 무엇인지 규정한 행동관찰척도(BOS: Behavioral Observation Scales)를 활용할 수 있다.

05 과제 평가

1) 과제 평가 방법

과제는 교수가 학생들이 정규 수업 활동과는 별도로 학습하도록 내주는 문제로, 보고서, 프로젝트 등의 유형을 포함한다. 보고서의 경우 수업 참여를 위한 자료 수집 및 분석 중심의 보고서, 수업 내용과 활동에 대한 성찰 보고서, 수업에서 학습한 내용을 심화 발전시키거나 현장에 적용시킨 보고서 등을 과제로 내 줄 수 있다. 프로젝트는 수업에 따라 매우 다양하게 제시될 수 있는데, 예를 들어 코딩 학습을 적용하여 어플리케이션을 개발하는 프로젝트, 디자인싱킹 학습을 활용하여 지역의 문제를 해결하는 프로젝트 등도 과제가 될 수 있다.

과제를 내 줄 때는 형식과 내용을 어느 정도 정해줄 것인지를 결정하고, 각각을 어떻게 평가할 것인지 미리 고려하는 것이 좋다. 학생이 스스로 과제의 형식을 결정하고 목차를 구성하는 것이 중요한 경우도 있는 반면, 전형적인 형식을 따르지만 어떤 내용을 담는지가 더 중요한 경우도 있다. 수업 목표 및 평가 목적을 고려하여 학생들이 더 중요한 것에 집중할 수 있도록 유도할 필요가 있다. 만약 평가 목적상 형식이 중요한 것이 아니라면 학생들이 내용에 더 집중할 수 있도록 형식에 대해서는 세부적인 가이드라인을 주는 것이 좋다.

2) 과제 평가의 실제

과제에 대한 평가는 주로 교수자에 의해 정성적으로 이루어진다. 따라서 학생들의 입장에서는 과제의 평가 기준에 대해 궁금증을 가질 수밖에 없다. 과제에 대해 지나치게 자세한 평가 기준을 담은 채점기준표를 제시해주는 것은 자칫 정형화된 결과물을 유도할 우려가 있다. 하지만 적어도 어떤 과제가 우수한 과제로 평가되는지 평가의 지침 정도는 미리 알려주는 것이 좋다.

예를 들어 학생들이 수업 시간에 배운 내용을 이해하여 자신의 언어로 해석하고 실제 현장에 적용해본 후 자신의 지식으로 만들도록 촉진하기 위해 보고서 작성을 과제로 내주었다면, 평가 지침에 이러한 내용을 담아 주는 것이 좋다. 보고서를 채점할 때에는 이러한 지침을 참고하여 채점기준표를 미리 만들어 두는 것이 좋다. 다만, 과제의 성격에 따라 학생들의 유연하면서도 창의적 접근이 기대된다면, 가채점을 통해 사전에 만들어 둔 채점기준표를 적절히 수정할 필요가 있다. 즉, 채점기준표는 평가의 내용이나 수행 수준을 비교적 명료하게 정의할 수 있다면 사전에 설정하는 하향식 접근으로 개발될 수도 있고, 그렇지 않은 경우에는 학생들의 답안지나 응답 내용을 평가 기준을 만드는 데 활용하는 상향식 접근으로 개발될 수도 있다. 채점기준표는 각 평가 기준의 기대 수행을 자연스럽고 적절하게 기술해야 하며, 실제 채점기준표를 활용하여 채점해 보면서 얼마나 실용적이고 적절한지 확인해 보면서 계속해서 보완하고 다듬어 나갈 필요가 있다. 과제에 대한 채점이 끝나고 학생들에게 점수를 알려줄 때 채점기준표도 함께 알려주면 학생들에게 좋은 피드백이 될 수 있다.

표 16 보고서 평가 기준 예시

<table>
<tr><td>과제
(학생 공지 내용)</td><td colspan="4">주제별 사고기술을 자신만의 노하우북으로 정리하고, 이를 개인주제로 실습하여 사례까지 삽입한 일종의 포트폴리오를 제작하여 제출</td></tr>
<tr><td>평가 주안점
(요건 포함)</td><td colspan="4">① 각 사고기술에 대한 내용설명 보완
② 팀 실습내용 보완 혹은 추가 개인 실습
③ 각 사고기술 활용노하우를 자신의 생각으로 정리</td></tr>
<tr><td>배점
(만점기준)</td><td colspan="2">20점</td><td>점수 범위
(최저점~최고점)</td><td>0점 ~ 20점</td></tr>
<tr><td colspan="5">채점기준</td></tr>
<tr><td>수준</td><td>점수</td><td colspan="2">기준</td><td>해당 사례</td></tr>
<tr><td>매우 우수</td><td>20</td><td colspan="2">① 내용 체계화, ② 개인 실습, ③ 노하우 정리가 전반적으로 매우 탁월함</td><td>김OO</td></tr>
<tr><td>우수</td><td>16</td><td colspan="2">① 내용 체계화, ② 개인 실습, ③ 노하우 정리 중 2개 이상 우수하며, 학습한 내용을 자신의 언어로 재진술하거나 수업활동과 별도로 실습하여 해당 내용 정리</td><td>박OO</td></tr>
<tr><td>보통</td><td>12</td><td colspan="2">각 사고기술에 대한 내용설명을 보완하고 팀에서 실습한 내용 혹은 기존사례(인터넷 등)를 정리함</td><td>이OO</td></tr>
<tr><td>미흡</td><td>8</td><td colspan="2">각 사고기술에 대한 내용설명 팀 실습내용 정리 등 수업시간에 학습한 내용만 정리</td><td>권OO</td></tr>
<tr><td>매우 미흡</td><td>4</td><td colspan="2">형식을 갖추어 제출하였으나 내용이 전반적으로 빈약함</td><td>허OO</td></tr>
<tr><td>미제출</td><td>0</td><td colspan="2">기간 내 미제출</td><td>없음</td></tr>
</table>

06 구두발표 평가

1) 구두발표 평가 방법

구두발표는 사실이나 의견 혹은 결과에 대해 구술하여 알리는 것으로, 대학 수업에서는 주로 프레젠테이션 혹은 발제라는 용어로 사용된다. 프로젝트 중심 수업에서 학생이 해당 팀 프로젝트의 과정과 결과를 프레젠테이션하거나, 토의·토론 중심 수업에서 학생이 해당 주제에 대해 조사한 결과나 혹은 이에 대한 자신의 생각을 발제하는 것을 모두 구두발표라 할 수 있다.

구두발표를 평가할 때에는 학생의 구두발표 능력(시선 처리, 언어적·비언어적 표현, 말의 속도와 크기, 발음의 정확성 등)까지 포함하여 평가할 것인지 아니면 그 안에 담긴 내용을 중심으로 평가할 것인지 결정해야 한다. 또 발표 학생 개인에 대한 평가인지 팀 전체에 대한 평가인지도 미리 결정해두는 것이 좋다. 구두발표는 다른 평가 방법에 비해 가장 역동적으로 이루어진다. 따라서 평가가 분위기나 흐름에 영향을 받을 수 있다는 점을 유의하여, 최대한 공정한 평가가 이루어질 수 있도록 노력해야 한다.

2) 구두발표 평가의 실제

대학생은 대부분 구두발표에 익숙하다. 학생들 대부분이 대학에 들어오기 전에 이미 수업에서 구두발표를 해본 경험을 가지고 있으며, 대학 수업에서는 구두발표를 할 기회를 더 자주 갖게 된다. 자신이 구두발표를 해본 적이 없더라도, 적어도 다른 학생들의 구두발표를 들어본 경험은 갖고 있다. 교수자의 강의 역시 일종의 구두 발표라고 본다면, 대학생이라면 구두발표에 대해 어느 정도 경험과 안목이 있다고 볼 수 있다.

이에 이러한 경험과 안목을 활용하여 교수자와 학생이 함께 구두발표의 평가 기준을 결정하는 활동을 할 수 있다. 예를 들어 학생들과 함께 사례연구에 대한 구두발표 평가 영역, 준거, 기준, 배점을 결정할 수 있다. 평가 기준에 대한 논의와 최종 합의하는 과정을 통해 학생들의 평가에 대한 관심과 참여를 촉진할 수 있다. 이 과정에서 학생들은 자연스럽게 평가 준거를 숙지하게 되는데, 이는 구두발표를 준비하거나 학습자 상호평가를 하는 데 도움이 된다.

구두발표 평가에 학생을 더욱 적극적으로 참여시킬 수도 있다. 특히 프로젝트 결과에 대해 팀별로 구두발표를 하는 경우, 모든 학생이 다른 팀의 구두발표를 평가하고 구체적인 피드백을 줄 수 있도록 평가를 설계해 볼 것을 권장한다. 예를 들어 학습자 상호평가용 워크시트를 평가의 두 가지 목적을 고려하여 평가용과 피드백용으로 구성할 수 있다. 학생은 다른 팀의 구두발표를 듣고 워크시트를 작성한 후, 점수가 기재된 평가용 영역은 교수자에게, 장단점과 개선 아이디어가 기재된 피드백용 영역은 해당 팀에게 분리하여 전달한다.

표 17 구두발표 학습자 상호평가 및 피드백 예시

평가표 (교수자 제출용)	
평가자	박OO
피평가조	2조

영역	평가 내용	점수
발표 내용 (10)	•발표자가 내용을 정확하게 이해 •논리적인 설명 •이해하기 쉽게 설명	7
발표 기술 (10)	•발표시간 준수 •쉬운 표현 사용	5
발표 태도 (10)	•철저하게 준비 (보고 읽지 않음) •진지한 태도 (복장, 표정 등) •청중의 몰입 유도	3
총점		15

<총평>
미리 발표를 위한 세팅을 해놓지 않아서 발표 시작이 늦어졌을 뿐만 아니라 정해진 발표시간도 초과함.
질의에 대한 응답으로 판단할 때, 대표 발표자 이외의 다른 조원들은 해당 내용에 대해 충분히 숙지하고 있지 않은 것으로 보임

피드백 (피평가조 전달용)	
평가자	박OO
피평가조	2조

잘 한 것	아쉬운 것	개선 의견
발표자의 내용 숙지	다른 조원들의 참여	
	발표 세팅 미흡 제한된 발표 시간 초과	사전에 발표 세팅 사전 리허설 실시
	다소 지루함	청중에게 질문 던지기

<피드백>
발표자가 내용을 잘 숙지하고 있으며, 이를 최대한 간결하게 잘 설명한 것으로 보임. 다만, 다른 조원들이 보다 적극적으로 발표를 위해 지원하는 것이 바람직할 것으로 보임. 또한 청중이 지루하지 않도록 몰입을 유도할 수 있도록 게임이나 질문 등의 전략을 활용하는 것도 좋겠음. 최종 발표 시에는 사전에 리허설을 실시하여 준비된 내용을 시간 내에 효과적으로 전달할 수 있도록 연습할 것을 권장함

07 포트폴리오 평가

1) 포트폴리오 평가 방법

포트폴리오는 학생의 수행(performance)을 평가하기 위해 활용된다. 평가에는 학생의 학습 및 수행 과정에서의 모든 산출물을 학습 활동 순서대로 배열하는 작업 포트폴리오 혹은 최종 성과물을 중심으로 구성하는 전시 포트폴리오가 활용된다. 작업 포트폴리오는 학생이 수업 활동에 적극적으로 참여한다면 수업 진행에 따라 자연스럽게 풍성하게 채워지게 된다. 반면 전시 포트폴리오는 특정한 초점을 가지고 제작되는데 주로 작업 포트폴리오에서 발췌된 핵심적인 산출물로 재구성된다. 이러한 포트폴리오의 특성을 고려할 때, 포트폴리오 평가는 단계별 수행이 요구되는 수업 또는 프로젝트 활동에 적합한 평가라 할 수 있다.

포트폴리오는 수업에 참여한 학생의 학습 기록을 평가에 활용할 수 있다는 점에서 수업과 평가를 연계한다. 포트폴리오를 제작하는 과정 자체가 성찰적 학습 활동이며, 이는 매우 질 높은 평가 자료로 활용될 수 있다. 특히 포트폴리오는 학습자의 성찰을 촉진하는 데 매우 유용하다. 자신의 학습을 성찰하는 데서 나아가, 다른 동료 학습자들의 포트폴리오를 통해 타인의 학습에 대해서도 성찰할 수 있는 기회를 갖게 된다. 교수자는 포트폴리오로 평가하려고 할 때, 학생들에게 어떠한 유형의 포트폴리오를 구성하도록 할 것인지 미리 결정해야 한다. 학생의 포트폴리오에서 무엇을 평가하고자 하며 어떻게 채점할 것인지에 대한 질문을 던져보는 것이 그 결정에 도움이 될 수 있다.

2) 포트폴리오 평가 사례: 갤러리워크 방식의 평가

수업 활동의 형태에 따라 포트폴리오는 개인별로 혹은 팀별로 제작될 수 있다. 팀 프로젝트 중심의 수업에서 평가를 위해 학생들에게 중간 산출물과 최종 결과물 제출을 요청하는 경우가 많은데, 이때 제출받은 것이 바로 포트폴리오이다. 포트폴리오에는 팀 구성으로 시작하여 최종 결과물까지, 프로젝트의 전 과정이 고스란히 담겨 있을 것이다. 해당 내용에 대해 구두발표의 방식으로 평가하는 경우가 많지만, 학습과 피드백의 목적이라면 전시를 활용해 볼 것을 권장한다.

예를 들어 프로세스를 익히는 수업에서는 각 단계별로 구체적인 실습 산출물이 나온다. 모든 단계의 산출물은 작업 포트폴리오의 일부가 된다. 그 중에서 특히 점검과 확인이 중요한 단계에서는 해당 산출물을 전시하고 교수자와 동료 학습자로부터 피드백을 받도록 한다. 이때 갤러리 워크(gallery walk) 방식을 활용하는 것이 도움이 된다. 학생 혹은 팀은 산출물을 포스터로 전시하고 자신의 산출물에 대한 간단한 내용 설명 및 자기 평가와 궁금한 사항을 질문하거나 피드백 받고 싶은 부분을 이야기한다. 교수자와 동료 학습자들은 질문에 대한 답이나 피드백을 포스트잇에 적어 해당 포스터에 부착한다. 미술관처럼 모든 포스터가 전시되어 있으므로 설명 진행과 관계없이 관심 있는 포스터를 살펴보거나 피드백을 남길 수 있다. 비대면 수업이라면 구글의 잼보드(Jamboard)와 같이 전시에 용이한 툴을 활용할 것을 권장한다.

CHAPTER

04

대학에서의 학생평가 활용

01 점수 관리 및 분석

1) 점수와 평가 자료 관리

평가 자료를 근거로 각 평가 방법 혹은 하위 항목별로 채점한 점수는 엑셀 등과 같은 스프레드시트에 입력하여 관리하면 편리하다. 번거롭더라도 점수를 입력할 때는 최대한 하위 단위에서 입력해 둘 것을 권장한다. 예를 들어, 지필시험 전체 점수를 입력하는 것보다는 중간 지필시험 점수와 기말 지필시험 점수를 별도로 입력하는 것이, 그보다는 각 지필시험에서의 문항 유형별로 점수를 입력해 두는 것이 더 좋다. 이렇게 학생별로 세부 점수를 입력해 두면 평가에 대해 다각적으로 검토할 수 있을 뿐만 아니라, 향후 학생들의 성적 문의에 대응하기에도 용이하다.

평가 과정에서 수집된 자료는 판단의 근거인 동시에 증거가 된다. 따라서 각종 평가 자료는 수업이 진행되는 학기를 포함하여 최소 3년 이상은 보존될 필요가 있다. 원자료 그대로 유지되어야 하는 경우, 예를 들어 지필시험에서 학생이 자필로 응답한 시험지, 학습자가 상호 평가한 워크시트 등은 교수자가 학기별로 포장하여 해당기간 동안 보관해야 한다. 평가 자료를 보다 효율적으로 관리하기 위해 가급적이면 보고서, 실기 영상, 구두발표 자료, 포트폴리오 등 제반의 평가 자료가 전자 파일 형태로 생성되도록 설계할 것을 권장한다.

2) 점수 분석

점수 입력이 완료되면 학생별로 총점을 산출하고, 각 방법별로 기술통계 분석을 해본다. 평균, 표준편차, 최소값, 최대값, 중앙값 등

기본적인 분석 결과만 확인해도 점수의 경향을 어느 정도 파악할 수 있다. 기술통계 분석을 실시하면서 입력의 오류가 있는지 다시 한 번 점검해보는 것이 좋다. 각 평가 요소에서 학생들이 얻은 평균 점수를 구해보면 학생들이 해당 평가 요소에서 점수를 받는 것이 얼마나 어려웠는지 혹은 쉬웠는지를 판단할 수 있다. 예를 들어 50점 만점인 지필시험에 응시한 학생들의 평균 점수가 43점이라면, 100점 만점 기준 86점으로 지필시험은 학생들이 비교적 쉽게 점수를 얻을 수 있는 평가였다고 할 수 있다. 만약 20점 만점인 과제를 제출한 학생들의 평균 점수가 10점이라면, 100점 만점 기준 50점으로 과제는 학생들이 비교적 점수를 얻기 어려운 평가였다고 할 수 있다. 각 수업에서 활용한 평가 요소들의 평균 점수를 100점 만점으로 환산하여 비교해보면 각 평가 요소가 학생들에게 관대한지 혹은 엄격한지를 상대적으로 비교해볼 수 있다.

각 평가 요소가 학생의 최종 성적에 얼마나 영향을 미치는가를 확인하는 것도 중요하다. 학생들이 얻은 점수가 평균에서 많이 흩어져 있을수록 그 평가 요소는 최종 성적에 큰 영향을 미치게 되고, 덜 흩어져 있을수록 영향을 덜 미치게 된다. 50점 만점 지필시험이라 할지라도 모든 응시자가 48점을 받았다면, 지필시험은 학생들의 최종 성적을 변별하는 데 결정적인 영향을 줄 수 없을 것이다. 그러나 30점 만점 과제라 할지라도 제출한 학생들의 점수가 0점에서부터 30점까지 고루 분포되어 있다면, 과제 평가로 좋은 성적을 받는 학생과 그렇지 않은 학생이 구분될 것이다. 이러한 지필시험과 과제를 주요 평가 요소로 하여 총점을 내고 성적을 산출한다고 가정해보자. 비록 배점은 지필시험이 50점으로 과제의 30점보다 더 높다 할지라도, 결국 어떤 학생이 높은 성적을 받게 될 것인가는 과제 점수가 결정하게 될 것이다.

교수자는 상대적으로 중요한 평가 요소에 높은 가중치를 두도록 설계하여 그 중요성을 강조한다. 그러나 실제로는 평가 요소별로 다른 척도를 사용하기 때문에, 최종 성적을 결정하는 것은 배점이 높은 평가 요소가 아니라 오히려 학생들 간 점수의 분포가 넓은 평가 요소일 경우가 많다. 이에 수업의 핵심적인 교육 목표와 관련된 평가 요소가 최종 성적에 결정적 영향을 미쳤는지 검토해 보고, 필요하다면 평가 척도를 조정하여 적용할 것을 권장한다.

02 성적 부여

1) 성적 평가

학생별로 최종 점수가 산출되면 이를 근거로 성적을 평가하게 된다. 성적은 다양한 평가 요소의 평가 결과를 종합하여 학생의 성취수준을 평가한 것으로, 하나의 숫자나 문자로 요약하여 표시한다. 성적을 숫자로 표시하는 가장 대표적인 예로 점수(score)를 들 수 있다. 원점수(raw score), 준거 점수(criterion score), 규준 점수(norm score) 등 다양한 유형이 활용될 수 있지만(백순근 외, 2019), 대학에서의 학생평가에는 일반적으로 원점수를 활용한다. 상대평가일 경우에는 원점수보다는 석차나 등위점수가 더 유용하게 활용된다. 문자로 성적을 표시(letter grade)할 때에는 가나다, 수우미양가, ABCD(E) 등을 활용할 수 있는데, 대학에서의 학생평가에는 일반적으로 ABCD에 플러스(+)와 마이너스(−)를 추가한 성적 체계를 사용한다. 이외에 통과(Pass)/실패(Fail), 충족(Satisfactory)/미충족(Not Satisfactory) 등과 같은 이분 판정 체계도 활용된다.

최종적으로 성적을 부여하기 전에 해당 과목이 절대평가인지 상대평가인지를 다시 한 번 확인할 필요가 있다. 평가할 때 어떤 기준을 사용하는지에 따라 절대평가와 상대평가로 구분할 수 있는데, 절대평가가 학생의 점수를 미리 정해 놓은 성취기준과 비교하여 그 기준에 얼마나 도달하였는지에 따라 성적을 평가하는 방식이라면, 상대평가는 한 수업 안에서 학생의 점수를 다른 학생의 점수와 비교하여 상대적인 성적을 평가하는 방식이다. 예를 들어 ABCD 성적 체계에 절대평가를 적용한다면, 교수자는 A, B, C, D 각 성취수준에 대해 구체적인 성취기준을 미리 설정하고, 각 학생의 점수를 이 기준에 따라 평가하게 된다. 만약 상대평가를 적용한다면, 교수자는 학생들의 총점을 기준으로 정해진 순위에 따라 A, B, C, D 각 등급의 비율을 고려하여 평가를 하게 된다. 최근 일부 대학에서는 교수가 부여한 성적에 대해 학생들이 표시 방식을 선택할 수 있는 선택적 P/F도 도입하고 있다. 절대평가이건 상대평가이건 성적 부여가 끝나면 각 성적 등급에 해당하는 학생의 점수와 해당 학생 비율을 확인하는 것이 좋다.

성적평가를 할 때에는 스스로 신중한 평가자가 되도록 주의해야 한다. 학생평가를 할 때 '딱 보면 안다'는 식으로 직관적인 판단에 의존하는 것은 곤란하다. 교수자 자신도 치우칠(biased) 위험이 있다는 것을 인식하고 있는 것이 중요하다. 종종 판정을 먼저 하고 끼워 맞추기 식으로 평가를 하는 교수자도 있는데, 매우 부적절한 평가 방식이다. 공정한 평가를 위해서는 심증이 아니라 물증이 필요하다. 미리 설계되었던 평가 체계에 따라 증거에 기반한 최종 성적이 산출되기 전까지는 학생평가에 대한 판단을 보류해야 한다.

2) 성적 공개와 대응

평가 요소별로 채점이 끝나면 학생들에게 즉각 공개하는 것이 좋다. 이는 평가에 대한 학생들의 궁금증을 해결해주는 데도 도움이 될 뿐만 아니라 채점의 오류를 발견하여 수정하는 데에도 도움이 된다. 성적을 공개할 때에는 해당 평가 요소의 채점 기준과 점수의 경향을 함께 공개하면 좋다. 예를 들어 지필시험 채점을 마치면 전체 학생들에게 지필시험 각 문항에 대한 해설을 포함한 채점 기준을 상세하게 설명하고, 전체 학생의 평균 점수, 최고점과 최저점을 먼저 알려준다. 이어서 점수 확인을 원하는 학생들에게 개별적으로 점수 확인을 시켜주는데, 만약 상대평가 방식으로 평가되는 과목이라면 채점된 원점수

뿐만 아니라 순위도 함께 알려줄 것을 권장한다.

모든 평가 요소에 대한 평가 결과를 종합한 최종 성적이 결정되면, 대학의 학사 시스템에 각 학생의 성적을 입력한다. 평가 요소별 결과를 확인할 때에는 오류의 발견 및 결과 수정이 얼마든지 이루어질 수 있으나, 일단 최종 성적이 결정된 다음에는 가급적 변경되지 않는 것이 좋다. 즉, 최종 성적이 공개되기 전에 충분히 점검하여 오류가 없도록 해야 한다. 오류 때문에 최종 성적이 수정되는 사례가 빈번해지면 교수자는 평가자로서 학생들의 신뢰를 잃게 된다. 물론 그럼에도 불구하고 실수로 인해 성적이 잘못 평가되었다면 당연히 수정하여 반영해야 한다.

학생들이 성적을 확인한 후 평가에 대해 궁금한 사항이 있으면 교수자에게 성적 이의신청을 하게 된다. 학생들의 이의신청은 크게 세 유형으로 나뉜다. 첫 번째는 '상세한 평가 결과를 요청'하는 유형으로, 이들은 자신이 평가 요소별로 혹은 하위 항목별로 어느 정도를 성취했는지 궁금하며 세부 점수와 순위에 대해 질문한다. 이러한 유형의 학생들에게는 가급적 학생 개인의 평가 결과를 자세히 알려주고, 우수한 부분과 아쉬운 부분에 대해 피드백을 준다. 두 번째는 '평가 오류에 대해 확인을 요청'하는 유형으로, 이들은 자신이 예상한 것과 다른 성적을 받아서 혹시 점수 집계나 최종 판정에의 실수가 없었는지 확인하고자 한다. 이러한 유형의 학생들에게는 최종 성적 판정 논리를 설명해주고 전체 학생의 전반적인 평가 결과와 비교하여 해당 학생의 평가 결과를 분석해준다. 마지막은 '성적 상향 조정을 요청'하는 유형으로, 이들은 자신이 받은 성적은 인정하지만 혹시 보다 높은 성적으로 조정이 가능한지에 대해 문의한다. 'C에서 B로'와 같이 성적 등급을 상향 조정해 달라고 요청하는 학생이 가장 많고, 상대평가 과목에서는 'B에서 B+로'와 같이 동일한 성적 등급에서 플러스를 추가

해달라는 학생, 그리고 장학생 선발에 원점수를 사용하는 대학의 경우에는 '95점 A+에서 99점 A+로'와 같이 동일한 성적 등급이지만 입력 점수를 높여달라고 요청하는 학생 등이 있다. 이에 대한 대응은 교수자의 판단에 따르면 된다. 다만, 일단 평가의 원칙은 한 번 무너지면 다시 세우기 어렵다는 점을 고려할 때, 온정적인 이유로 성적을 조정해주는 것은 가급적 자제하는 것이 좋다.

학생들이 피평가자로서 어떻게 평가받았는지에 대해 알고 싶은 것은 당연하며, 특히 점수와 공정성에 민감한 세대의 학생들은 이에 대해 질문하는 것을 주저하지 않는다. 사회 변화를 고려할 때, 학생들의 학생평가에 대한 공개 요청은 점점 더 적극적이 될 것으로 기대된다. 따라서 교수자는 이러한 학생들의 신청을 불편해하기보다는, 자연스럽고 당연한 것으로 받아들이는 것이 좋다. 자신의 성취에 대해 자세히 확인하고 싶어 하는 학생들의 태도를 오히려 칭찬하고 격려해주어야 할 것이다.

워크시트

Worksheet 1 평가 계획 수립

평가 요소	반영 비율	평가 방법 및 주요 내용
	%	
	%	
	%	
	%	
	%	
합계	100%	

수업명	
수강자	
요구 조사 내용	
선수과목 이수	
성취 목표	
필요 자원	
수업에 대한 요구	
기타	

Worksheet 3 실시간 수업 출석 점검

<table>
<tr><th colspan="2">수업명</th><td colspan="6"></td></tr>
<tr><th colspan="2">출결기준</th><td colspan="6">• 출석 :
• 지각 :</td></tr>
<tr><th colspan="2">수업일시</th><td colspan="6"></td></tr>
<tr><th colspan="2" rowspan="2">학생</th><th colspan="3">실시간 수업 참여 기록</th><th colspan="3">출결</th></tr>
<tr><th>최초 로그인 시각</th><th>최후 로그아웃 시각</th><th>전체 참여 시간 (분)</th><th>출석</th><th>지각</th><th>결석</th></tr>
<tr><td>1</td><td></td><td></td><td></td><td></td><td></td><td></td><td></td></tr>
<tr><td>2</td><td></td><td></td><td></td><td></td><td></td><td></td><td></td></tr>
<tr><td>3</td><td></td><td></td><td></td><td></td><td></td><td></td><td></td></tr>
<tr><td>4</td><td></td><td></td><td></td><td></td><td></td><td></td><td></td></tr>
<tr><td>5</td><td></td><td></td><td></td><td></td><td></td><td></td><td></td></tr>
<tr><td>6</td><td></td><td></td><td></td><td></td><td></td><td></td><td></td></tr>
<tr><td>7</td><td></td><td></td><td></td><td></td><td></td><td></td><td></td></tr>
<tr><td>8</td><td></td><td></td><td></td><td></td><td></td><td></td><td></td></tr>
<tr><td>9</td><td></td><td></td><td></td><td></td><td></td><td></td><td></td></tr>
<tr><td>10</td><td></td><td></td><td></td><td></td><td></td><td></td><td></td></tr>
<tr><td>11</td><td></td><td></td><td></td><td></td><td></td><td></td><td></td></tr>
<tr><td>12</td><td></td><td></td><td></td><td></td><td></td><td></td><td></td></tr>
<tr><td>13</td><td></td><td></td><td></td><td></td><td></td><td></td><td></td></tr>
<tr><td>14</td><td></td><td></td><td></td><td></td><td></td><td></td><td></td></tr>
<tr><td>15</td><td></td><td></td><td></td><td></td><td></td><td></td><td></td></tr>
<tr><td>16</td><td></td><td></td><td></td><td></td><td></td><td></td><td></td></tr>
<tr><td>17</td><td></td><td></td><td></td><td></td><td></td><td></td><td></td></tr>
<tr><td>18</td><td></td><td></td><td></td><td></td><td></td><td></td><td></td></tr>
<tr><td>19</td><td></td><td></td><td></td><td></td><td></td><td></td><td></td></tr>
<tr><td>20</td><td></td><td></td><td></td><td></td><td></td><td></td><td></td></tr>
</table>

Worksheet 4 참여도에 대한 학생상호평가(1)

평가자		
평가조		
평가일		
조원명 (본인 포함)	역할 (팀 내 주요 역할 구체적으로 기재)	기여도 (100%를 배분)
		%
		%
		%
		%
		%
		%
		%
계		100%

Worksheet 5 참여도에 대한 학생상호평가(2)

<평가 방법 안내>

평가자		
평가조		
평가일		
조원명 (본인 포함)	참여도 (5점 만점)	이유 (참여도 평가 근거를 상세하게 기재)

Worksheet 6 문항 검토를 위한 체크리스트

구분	검토 내용	Y	N
문항 내용 및 형식			
발문 및 답지 구성			
N으로 체크한 경우 수정 사항			

Worksheet 7 학습 활동으로서의 퀴즈 문항 출제

출제자		출제일	
출제범위			

번호	문항 내용	정답 및 해설
1		
2		
3		
4		
5		

Worksheet 8 지필시험 문항 출제 카드

번호			
유형	☐ 진위형 ☐ 배합형 ☐ 선다형 ☐ 단답형 ☐ 완성형 ☐ 논술형		
출제자		출제일	
과목		난이도	☐ 상 ☐ 중 ☐ 하
영역		배점	
출제 의도			
성취 기준			

문항 내용

채점 기준 (논술형의 경우 모범답안 포함)

Worksheet 9 보고서 채점 기준

<table>
<tr><td>과제
(학생 공지 내용)</td><td colspan="3"></td></tr>
<tr><td>평가 주안점
(요건 포함)</td><td colspan="3"></td></tr>
<tr><td>배점
(만점기준)</td><td></td><td>점수 범위
(최저점~최고점)</td><td></td></tr>
<tr><td colspan="4">채점기준</td></tr>
<tr><td>수준</td><td>점수</td><td>기준</td><td>해당 사례</td></tr>
<tr><td>매우 우수</td><td></td><td></td><td></td></tr>
<tr><td>우수</td><td></td><td></td><td></td></tr>
<tr><td>보통</td><td></td><td></td><td></td></tr>
<tr><td>미흡</td><td></td><td></td><td></td></tr>
<tr><td>매우 미흡</td><td></td><td></td><td></td></tr>
<tr><td>미제출</td><td></td><td></td><td></td></tr>
</table>

Worksheet 10 구두발표 평가 기준

영역	준거	판단기준	배점
주제	흥미도	• 주제가 흥미로운가?	
	실효성	• 주제가 실효성이 있는가?	
내용	정확성	• 내용이 정확한가? • 출처가 명확한가?	
	다양성	• 자료가 다양한가? • 자료수집이 다각적으로 이루어졌는가?	
발표	몰입도	• 발표자가 자신감 있게 발표하는가? • 발표가가 청중의 흥미를 유발하는가?	
	전달력	• 발표내용이 잘 전달되었는가? • 질문에 대해 적절하게 응답하였는가?	
	명확성	• 발표자료가 눈에 잘 들어오는가?	

Worksheet 11 구두발표 학습자 상호 평가 및 피드백

평가표 (교수자 제출용)	
평가자	
피평가조	

영역	평가 내용	점수
발표 내용 (10)	•발표자가 내용을 정확하게 이해 •논리적인 설명 •이해하기 쉽게 설명	
발표 기술 (10)	•발표시간 준수 •쉬운 표현 사용 •간투사 미사용	
발표 태도 (10)	•철저하게 준비 (보고 읽지 않음) •진지한 태도 (복장, 표정 등) •청중의 몰입 유도	
총점		

<기타 평가 시 고려사항>

피드백 (피평가조 전달용)	
평가자	
피평가조	

잘 한 것	아쉬운 것	개선 의견

<총평>

참고 문헌

민혜리·서윤경·윤희정·이상훈·김경미 (2020). 온라인 수업·강의 A2Z. 학이시습.

박소연 (2020). 평가의 쓸모: 평가로 세상 읽기. 학이시습.

백순근·이재열·김혜숙·유예림·함은혜·황은희·최인희·김지은·상경아·길혜지 (2019). 교육평가의 이론과 실제. 교육과학사.

Adams, J. S. (1965). Inequity in social exchange. In *Advances in experimental social psychology* (Vol. 2, pp. 267–299). Academic Press.

Scriven, M. (1967). The methodology of evaluation. In R. E. Stake (Ed.), *Curriculum evaluation. American Educational Research Association Monograph Series on Evaluation, 1*. Chicago: Rand McNally.

Stufflebeam, D. L. (1971). *The relevance of the CIPP evaluation model for educational accountability. Journal of Research and Development in Education, 5*. 19–25.

Tyler, R. W. (1950). *Basic Principles of Curriculum and Instruction*. Chicago: University of Chicago Press.

찾아보기

저자 약력

박소연

〈학력 및 주요경력〉
고려대학교 교육학과 학사
고려대학교 교육학과 석사(인적자원개발 전공)
고려대학교 교육학과 박사(인적자원개발 전공)
광주대학교 청소년상담·평생교육학과 교수
현 안양대학교 교양대학 교수

〈주요 저서 및 논문〉
저서: 『평가의 쓸모: 평가로 세상 읽기』
공저: 『평생학습을 위한 프로그램 개발 및 평가』, 『인적자원개발의 이해』
논문: "대학생의 평가적 사고 개발을 위한 교양수업 사례연구", "HRD 평가의 미래에 대한 델파이 연구" 외 다수

길혜지

〈학력 및 주요경력〉
서울대학교 교육학과 학사
서울대학교 교육학과 석사(교육측정평가 전공)
서울대학교 교육학과 박사(교육측정평가 전공)
한국교육개발원 부연구위원
현 충북대학교 교육학과 교수

〈주요 저서 및 논문〉
공저: 『교육평가의 이론과 실제』
논문: "역량중심 교육과정의 핵심요소가 중학생의 역량에 미치는 영향 분석", "성인 정보문해능력 측정도구 개발을 위한 정보문해 영역 및 수준 탐색" 외 다수

대학에서의 학생평가 전략

초판발행 2021년 8월 30일
중판발행 2022년 2월 4일

지은이 박소연 · 길혜지
펴낸이 노 현

편 집 전채린
기획/마케팅 김한유
표지디자인 Benstory
제 작 고철민 · 조영환

펴낸곳 ㈜ 피와이메이트
서울특별시 금천구 가산디지털2로 53 한라시그마밸리 210호(가산동)
등록 2014. 2. 12. 제2018-000080호
전 화 02)733-6771
f a x 02)736-4818
e-mail pys@pybook.co.kr
homepage www.pybook.co.kr
ISBN 979-11-6519-119-1 93370

정 가 8,000원